Joachim Stoll / Sybille Wilhelm

Praxisführer E-Commerce

Schritt für Schritt zum erfolgreichen Einstieg in die Onlinewelt

Joachim Stoll / Sybille Wilhelm

Praxisführer E-Commerce

Schritt für Schritt zum erfolgreichen Einstieg in die Onlinewelt

Bibliografische Information der Deutschen Nationalbibliothek
Die Deutsche Nationalbibliothek verzeichnet diese Publikation in der Deutschen Nationalbibliografie; detaillierte bibliografische Daten sind im Internet über *http://dnb.d-nb.de* abrufbar.

Mit freundlicher Unterstützung durch den
Handelsverband Deutschland (HDE) e. V., Berlin.

Scannen Sie über eine QR-Scan-App den Code – und Sie erhalten immer die aktuellsten Hinweise und Adressen.

ISBN 978-3-86641-308-5

Umschlag: Grafische Gestaltung Guido Klütsch, Köln
Lektorat: Birga Andel, Lektorat & mehr, Rüsselsheim
Satz: Fotosatz L. Huhn, Linsengericht
Druck und Bindung: Phoenix Print GmbH, Würzburg

Inhalt

Vorwort

Handel ist Wandel – diese Binsenweisheit ist vermutlich genauso alt wie der Handel selbst. Trotzdem kann es keinen Zweifel darüber geben, dass keine Entwicklung den Handel so schnell verändert hat wie die Verbreitung des Internets. Rund neun Prozent des gesamten Einzelhandels entfallen inzwischen auf den E-Commerce – Tendenz weiter deutlich steigend. Klammert man die Güter des täglichen Bedarfs aus, so sind es sogar 16 Prozent. Stationäre Händler, die den E-Commerce vernachlässigen, verlieren zunehmend Marktanteile und geraten in Schwierigkeiten.

Aber auch im Onlinehandel ist die Goldgräberstimmung verflogen. In den letzten Jahren konnten überwiegend die großen Onlinehändler wie Zalando und insbesondere Amazon vom Wachstum des E-Commerce profitieren. Die vielen kleineren Onlinehändler in Deutschland – die Schätzungen schwanken zwischen 50 000 und 400 000(!) – tun sich aber immer schwerer damit, sich am Markt zu behaupten.

Dies liegt zum einen darin begründet, dass sich Amazon zunehmend zu dem Universalanbieter im Internet entwickelt, über den der Großteil der Versorgungskäufe von A wie Autoteile bis Z wie Zeichenblöcke abgewickelt wird – schnell, zuverlässig und zu einem guten Preis. Aber über Amazon hinaus ist ein starker Konzentrationsprozess zu beobachten. In jeder Kategorie setzen sich online einige wenige Unternehmen mit nennenswerten Umsätzen durch, während die meisten Onlinehändler die kritische Masse nicht erreichen.

Damit einher geht eine ungeheure Professionalisierung des E-Commerce. Das bei uns angesiedelte ECC Köln analysiert im Rahmen der Studienreihe „Erfolgsfaktoren im E-Commerce" seit vier Jahren die Erwartungshaltung der Onlinekunden und ihre Zufriedenheit mit den Onlinehändlern. Dabei werden jeweils mehr als 10 000 Konsumenten detailliert zu ihren Erfahrungen mit den 100 wichtigsten Onlineshops in Deutschland befragt. Die Ergebnisse zeigen eindeutig, wie sich das Anspruchsniveau der Konsumenten sukzessive weiter erhöht. Die Top-Händler sind aber auch immer besser in der Lage, diesen gestiegenen Ansprüchen der Kunden gerecht zu werden – die Zufriedenheitswerte steigen von Jahr zu Jahr.

Unsere Erfolgsfaktorenstudie zeigt aber auch klar auf, dass erfolgreicher Onlinehandel von sehr vielen Einzelfaktoren abhängt, angefangen von Sortiment und Preis über die Produktdarstellung und den Bestellvorgang bis hin zur Logistik. Nur wenige der von uns untersuchten mehr als 60 Einzelkriterien haben keine oder nur eine geringe Relevanz für die Kundenbindung in Onlineshops.

Hier setzt das vorliegende Werk von Dr. Joachim Stoll und Sybille Wilhelm an. Stoll kann mit Fug und Recht zu einem der echten E-Commerce-Pioniere in Deutschland gezählt werden, denn er gründete bereits 1998 mit koffer24.de einen Onlineshop – zu einem Zeitpunkt, als der gesamte Online-Einzelhandelsumsatz weniger als eine Milliarde Euro betrug (zwischenzeitlich sind es mehr als 40 Milliarden Euro). Durch die Übernahme des elterlichen Ladengeschäfts kennt er den traditionellen Einzelhandel und konnte wie kaum ein Zweiter die Brücke zwischen Online- und Offlinehandel schlagen. Die Fachredakteurin Sybille Wilhelm begleitet seit Jahren die Themen Technologie und E-Commerce in dem Wirtschaftsmagazin „Der Handel“ und ist seit 2008 für das Sonderheft „Online Handel“ verantwortlich. Sie ist zudem Autorin des 2012 erschienenen Buchs „Erfolgsfaktor Online-Handel“.

Die Autoren zeigen strukturiert und fundiert auf, wie sich Ihre Geschäftsidee mit den richtigen operativen Entscheidungen auch tatsächlich erfolgreich umsetzen lässt – von der Zielsetzung und der Gestaltung des Shops über rechtliche Rahmenbedingungen bis hin zu Marketing und Social Media.

Ich wünsche Ihnen, liebe Leser, eine anregende Lektüre – machen Sie sich Gedanken zu Ihrem Onlineshop, beherzigen Sie die wertvollen Tipps in diesem Buch und lernen Sie durch die Erfahrung anderer!

Köln, im April 2015
Dr. Kai Hudetz
Geschäftsführer IFH Institut für Handelsforschung GmbH

Geleitwort

Die Handelsbranche durchläuft einen tiefgreifenden Strukturwandel. Ausgelöst durch die Digitalisierung und die demografische Entwicklung ist er die Aufforderung an den Handel, sich neu zu erfinden. Während die Umsätze in ihrer Gesamtheit weitgehend stagnieren, boomt der Onlinehandel. Die Digitalisierung bietet große Chancen – und der Handel ist herausgefordert, sie zu nutzen.

Das Buch zeigt, wie der Einstieg in den Multichannel-Handel gelingen kann. Dabei wird auf alle wichtigen Themen eingegangen und beschrieben, wie sich „alte Kaufmannsweisheiten" ins Internet übertragen lassen. Um in den Onlinehandel zu starten und erfolgreich zu sein, muss man als Handelsunternehmen ein gutes Konzept haben und verstehen, dass die Kunden nicht in Vertriebskanälen denken. In Zukunft werden online und offline immer weiter verschmelzen. Dieses Buch hilft, sich darauf einzustellen.

Der Handelsverband Deutschland steht seinen Mitgliedern mit Rat und Tat zur Seite. Sie auf ihrem Weg in die Digitalisierung zu begleiten, sieht der HDE als eine seiner wichtigsten Aufgaben.

Berlin, im April 2015
Stephan Tromp
Stellvertretender Geschäftsführer Handelsverband Deutschland – HDE e. V.

Start in die Onlinewelt: Die Geschäftsidee

E-Commerce, M-Commerce, Multichannel, Crosschannel: Als Händler muss man in diesen Zeiten eigentlich permanent ein schlechtes Gewissen haben, wenn man noch nicht über alle möglichen Kanäle verkauft. Denn die Kunden, so zeigen unzählige Umfragen und Studien, wollen immer und überall einkaufen. Wenn ein Händler also nicht auf diesen Trend reagiert, verliert er Kunden – und Umsatz.

Um im Internet aktiv zu werden, gibt es viele Gründe. Manche finden eine Marktlücke, andere wollen ihren Kunden in der Region besseren Service bieten oder ihre Ware einem größeren Publikum zugänglich machen. Es gibt auch Onlinehändler, die analytisch vorgehen und sich eine Branche suchen, die im Netz noch nicht so gut aufgestellt ist – um sich irgendwann ihren Webshop durch einen Verkauf an einen Marktführer oder eine Investmentgesellschaft „vergolden" zu lassen.

Doch ob im Netz oder stationär: Wenn ein Händler einen Laden eröffnet, muss er eine **gute Idee** haben, **sorgfältig planen** und **betriebswirtschaftlich denken**. Denn es ist nicht so einfach, einen Onlineshop auf die Beine zu stellen – und vor allem, mit ihm Erfolg zu haben. Entscheidend sind auch in der virtuellen Welt das Geschäftsmodell und die Positionierung sowie die stimmigen Hintergrundprozesse und die Wirtschaftlichkeit.

Grundsätzlich gelten die „alten" Kaufmannsweisheiten auch im Internet. Ist ein Händler stationär gut aufgestellt, beherrscht er diese Regeln. Das, aber wirklich nur das, hat er bei einem Einstieg in den Onlinehandel einem Handelsneuling voraus, denn: Ein bestehendes stationäres Handelskonzept mit möglichst geringem Aufwand mal eben auf das Internet zu übertragen, funktioniert nicht. Die Planung und Umsetzung eines Internetauftritts sind mindestens genauso aufwändig wie die eines umsatzstarken stationären Geschäfts.

Wer heute einen Webshop eröffnen will, muss es richtig gut machen – sonst sollte er es lassen. Bei dem Onlinekaufhaus Amazon kann ein Onlinehändler in spe beispielsweise **abschauen, was der Kunde im Netz gewohnt ist**: „Ziel von Amazon.com ist von jeher, das kundenzentrierteste Unternehmen der Welt zu sein", heißt es in der Eigenwerbung des größten Onlinehändlers der Welt, der seit 1998 in Deutschland aktiv ist. Das bedeutet, dass der Onlinekunde Dinge wie beispielsweise den kostenlosen Versand, Empfehlungen durch andere Kunden und die klaglose Rücknahme von Produkten schon längst als selbstverständlich ansieht.

Das bedeutet nicht, dass ein Onlinehändler allen Service und Schnickschnack anbieten muss, den es gibt. Sondern nur, dass ihm etwas einfallen sollte, wie er sich in den unübersichtlichen Weiten des Internets **von anderen Anbietern abheben** kann, um seine Kunden zu finden und zu begeistern. Dafür ist es selbst in der zweiten Dekade des E-Commerce für kreative Jungunternehmer noch lange nicht zu spät. Denn der nächste Evolutionsschritt im Internet ist die **Emotionalität**: Will der Verkäufer im Netz etwas Besonderes sein, muss er sich etwas Besonderes einfallen lassen.

Dass das gelingen kann und dass der Onlinehandel noch immer eine Riesenchance bietet, zeigen erfolgreiche Beispiele aus der Praxis.

Regionale Chance

Die neuen technischen Möglichkeiten und die Verbreitung der Smartphones erlauben es auch stationären Händlern, im Netz gefunden zu werden. Wenn ein regional tätiger Händler heute allerdings einen Webshop ins Netz bringen will, sollte er dies auch und vor allem als **Service und Kommunikationskanal für seine bestehende Kundschaft** verstehen. Wenn er dann „in alle Welt" verkauft, umso besser.

Der Vorteil des Internets ist, dass stationäre Händler einfach Termine, Aktionen und Angebote einstellen können, damit die Kunden aus der Region wissen, ob es sich lohnt, einmal vorbeizuschauen. Doch dazu reicht prinzipiell auch eine **gepflegte Website** – die im Übrigen jedem stationären Händler ohnehin anzuraten ist: Bei Google, der Suchmaschine mit einem Marktanteil von knapp 95 Prozent, haben rund ein Fünftel aller Suchanfragen einen lokalen Bezug. Dementsprechend wird dort nur der Händler gefunden, der im Netz sichtbar ist – beispielsweise, wenn Ortsfremde mithilfe ihres Smartphones ein Modehaus suchen oder treue Kunden sich vergewissern wollen, wie lange der Möbelhändler am Samstag geöffnet hat. Wichtig sind dabei **Serviceangaben** wie beispielsweise die korrekte

Adresse, Öffnungszeiten, Telefonnummer, eine Anfahrtsskizze und ob Parkplätze vorhanden sind.

Neben Service und Kommunikation hat die Entscheidung für einen Webshop aber auch weitere Vorteile: Der Händler kann sein **Sortiment erweitern**, ohne dass er seinen Laden zustellen muss, und zudem kann er **Kunden aus der Region** in sein Geschäft locken, wenn er beispielsweise anbietet, bestellte Ware versandkostenfrei im Laden abzuholen oder bestellte Ware dort umzutauschen.

Für Kunden hat die Kombination aus Onlineshop und stationärem Handel den Vorteil, dass sie sich vor dem Onlinekauf im Laden informieren oder vor dem Kauf im Laden online Informationen einholen können.

Best Practice
Leder-Stoll und koffer24.de: Tradition trifft Moderne

Das Traditionsunternehmen Leder-Stoll in Frankfurt am Main ist ein gutes Beispiel dafür, wie ein Händler in der „echten" Welt startet und gerade deshalb auch im Internet erfolgreich ist. 1920 gründete der Urgroßvater des heutigen Inhabers in der Frankfurter Schäfergasse seine erste kleine Lederhandlung. Seit den 1990er Jahren arbeitet Dr. Joachim Stoll in dem Familienunternehmen. Da er nicht nur in die Fußstapfen seiner Eltern treten wollte und Studienerfahrung aus den USA mitbrachte, eröffnete er parallel zum 350 Quadratmeter großen Ladengeschäft 1998 den Onlineshop koffer24.de.

Damals war das ein erster Versuch überhaupt in Deutschland, Koffer und Taschen online zu verkaufen. Heute ist koffer24.de eine florierende Onlineplattform für Lederaccessoires, Koffer und Taschen mit rund 5000 Markenartikeln von 60 Herstellern wie Samsonite, Bree, Picard oder Rimowa. Der Händler aktualisiert den Onlineshop selbst, die komplette Lagerhaltung sowie den Versand hat er ausgelagert. „Wir haben uns zu Beginn über jede einzelne Bestellung gefreut. Wir waren von Anfang an zweisprachig und haben weltweit versendet", berichtet Joachim Stoll. Zudem ist koffer24.de auch im Geschäftskundenbereich (B2B) tätig und liefert die Lederwaren für andere, teils große Versandhändler.

„Bis heute ergänzen sich unser Ladengeschäft und der Webshop aufs Beste", erläutert Stoll. „In unseren beiden Filialen steht die persönliche Beratung an erster Stelle, was wiederum den Onlinekunden zugutekommt. Denn unsere Mitarbeiter stehen den Kunden per Hotline mit Rat und Tat zur Seite." Andersherum hat der Onlineshop auch positive Effekte auf das stationäre Geschäft.

Seit 2010 hat der Konkurrenz- und Preisdruck im Onlinebereich zugenommen, beobachtet der Händler, neuerdings verstärkt auch durch ausländische Anbieter. „Die Fixierung auf niedrige Preise im Internet ist grundsätzlich ein Problem für uns stationäre Händler", räumt Stoll ein. „Wir gleichen das durch zum Teil unterschiedliche Sortimente und Angebote aus. Mit dieser Zweigleisigkeit fahren wir gut: Es gibt Artikel, die im stationären Handel nicht gut laufen, aber im Internet Verkaufsschlager sind." Manche Artikel müssen also aufgrund des niedrigen Deckungsbeitrags aus dem stationären Sortiment genommen werden, da sich ein Verkauf mit Beratung nicht lohnt – der vollautomatisierte Internetkauf jedoch kann nach wie vor sinnvoll sein.

Darüber hinaus kann der Händler auch einzelne Produkte wie beispielsweise teure Lederwaren, von denen er in der Filiale nur ein Exemplar vorhält, einfach mal ins Netz stellen. „Zwar wollen die meisten Kaufinteressenten die hochwertigen Lederwaren anfassen, aber vielleicht findet sich auch jemand, der sie online bestellt."

Die Kunden bewegen sich ohnehin selbstverständlich in beiden Welten: „Manche informieren sich online und kommen dann in unsere Läden, weil sie die Ware anfassen wollen. Bei hochwertigen Produkten beispielsweise wollen sie auch ein entsprechendes Einkaufserlebnis haben. Manche Kunden wiederum bestellen der Bequemlichkeit halber aber auch mal von zu Hause aus. Es gibt darüber hinaus auch Kunden, die unser Geschäft in Frankfurt kennen, aber inzwischen in einer anderen Stadt wohnen. Somit ist unser Onlineshop auch eine gute Gelegenheit, weiter mit ihnen Kontakt zu halten", berichtet der Händler.

Seit zwei Jahren nutzt Joachim Stoll koffer24.de auch als „Regalverlängerung" für das Ladengeschäft. Denn ein klassisches Kofferfachgeschäft kann heutzutage nicht die zahlreichen Produktlinien der Hersteller in allen möglichen Größen und Farben vorhalten. „Doch es ist heute kaum noch möglich, einem Kunden zu sagen: Ich kann das von Ihnen gewünschte Modell Ende der Woche bestellen, und Ende nächster Woche können Sie es abholen. Im Sinne der Kundenbindung muss das heute schneller gehen."

Seit Juni 2013 arbeitet Leder-Stoll daher mit einer Softwarelösung des Anbieters Storeplus, die als sogenannte Middleware die Filialsysteme mit dem Onlineshop verbindet. In der Filiale sind die Verkäufer mit zwei iPads ausgestattet, für die Kunden gibt es ein Terminal mit einem solchen Tablet-PC. „Wenn ein Artikel, eine gewünschte Größe oder Farbe im Laden nicht vorrätig ist, wählt der Verkäufer oder der Kunde selbst das Produkt im Shop von koffer24.de aus", beschreibt Joachim Stoll den Bestellvorgang. „Daraufhin wird ein Bon ausgedruckt. Mit diesem bezahlt der Kunde an der Ladenkasse."

Der Vorteil: Der Kunde muss kein Konto einrichten und keine Zahlungsdaten angeben. Die Bestelldaten werden dann entweder direkt vom Warenwirtschaftssystem der Kasse übertragen oder von dem Verkäufer eingescannt. „Der Kunde kann sich aussuchen, ob er das Produkt in der Filiale abholt oder es sich nach Hause schicken lässt. Seine Adresse muss er nur für den letzteren Fall im System angeben", berichtet Joachim Stoll. „Das ist kein Onlinekauf mit Fernabsatz-AGBs. Der Kunde bekommt einen normalen Kassenzettel, den er dem Händler auch um die Ohren hauen kann, wenn ihm etwas nicht gefällt."

Vor der Installierung bei Leder-Stoll haben der Handelsunternehmer und Storeplus das System als Pilotprojekt in einem Rewe-Markt im hessischen Hungen getestet. Dort gab es einen Aktionsstand mit integrierten Kundenterminals und einigen Koffermodellen, die zum Kauf anregen sollten. Stoll: „Es hat funktioniert, nach zwei Wochen waren die geplanten Koffer verkauft." Aber dann war das Kundenpotenzial ausgeschöpft: „Man hätte nach 14 Tagen wie Tchibo ganz andere Produkte vorstellen müssen."

Joachim Stoll bietet das von Storeplus unterstützte System der „erweiterten Ladentheke" auch anderen Kollegen aus dem mittelständischen Lederwarenhandel an. „Dabei tritt der angeschlossene Händler immer unter seinem Namen auf. Für den Kunden ist die Verbindung zu koffer24.de nicht ersichtlich, das Design der iPads und Belege erscheint im Corporate Design des Händlers", erläutert Joachim Stoll. Der Händler habe Zugriff auf das Lager von koffer24 und schließe einen Systemvertrag mit Storeplus.

Zuerst testete der nordrhein-westfälische Lederwarenfilialist Hausfelder diese Möglichkeit in vier Filialen. Seitdem interessieren sich immer mehr Kollegen dafür. Zwar sei die Gewinnspanne eines Händlers durch den Verkauf über Storeplus etwas reduziert, aber: „Lieber eine reduzierte Spanne als gar kein Verkauf", so Joachim Stoll.

Best Practice
Weinkellerei Höchst: Mit Service und Qualität überzeugen

Die ehemalige Weinkellerei der Frankfurter Höchst AG gibt es seit 1885, sie war einst mit einem Lagerbestand von mehr als zwei Millionen Flaschen der größte Weinhändler Deutschlands. Nach der Zerschlagung der Höchst AG hat Frank Fischer mit seiner Frau und einem Geschäftspartner die Weinkellerei 2002 gekauft. Sie bot traditionell Weine und Feinkost für Geschäftskunden an. Das macht neben dem klassischen Weineinzelhandel – der Weinhändler hat 2012 eine zweite Filiale nahe Frankfurt eröffnet – noch immer einen Großteil des Geschäfts aus.

Auf die Idee, einen Internetshop aufzumachen, kamen die Unternehmer 2004. Ursprünglich war der Shop nicht als weiterer Vertriebskanal geplant, sondern als Informationsplattform für die Kunden. In den Anfangszeiten kam dementsprechend nur sporadisch mal eine Onlinebestellung. Das lag auch daran, dass man die Weinkellerei anfangs im Internet nicht gefunden hat.

Doch dann haben die Händler den Webshop mit der Warenwirtschaft verknüpft und die Website fit für Suchmaschinen gemacht – und auf einmal waren sie bundesweit präsent. Seitdem steigt der Onlineanteil kontinuierlich. Wer bei Google „Weinkellerei" eingibt, sieht die Frankfurter sogar inzwischen als ersten Treffer. „Wir haben in unserem Webshop aktuell durchschnittlich rund 6000 Besucher monatlich", berichtet Frank Fischer. „Von denen bestellen natürlich nicht alle, aber viele informieren sich online und kommen mit einem Ausdruck in der Hand in unsere Filialen." Umgekehrt kennt Frank Fischer viele Kunden, die online bestellen, auch persönlich. „Die nutzen den Versand einfach aus Zeitgründen", sagt er. Für diese Kunden sei dann nicht der Preis maßgeblich, sondern das Vertrauen in den Händler und das Wissen, „dass wir, falls ein Jahrgang einmal ausverkauft ist, nicht einfach ungefragt den Folgejahrgang verschicken".

Die Weinhändler nutzen inzwischen auch Gutscheinportale wie Groupon, um Veranstaltungen zu bewerben und im Rhein-Main-Gebiet bekannter zu werden, beispielsweise mit Verkostungen von Wein und Schokolade. „Das Geld, das wir mit solchen Aktionen einnehmen, deckt gerade einmal die Kosten. Aber es haben sich immerhin 180 Weinliebhaber aus der Region angemeldet", so Frank Fischer.

Denn: Der Weinhandel ist ein hart umkämpfter Markt, auf dem sich auch die Discounter erfolgreich tummeln. „Über den Preis braucht man also auch im Internet nicht groß argumentieren", weiß Frank Fischer. „Als stationärer Händler kann man aber mit Service und schneller Warenverfügbarkeit punkten. Wir haben in unserem Filiallager in Frankfurt-Höchst mehr als 700 unterschiedliche Weine aus 50 Anbauregionen der Welt vorrätig. Unsere Onlinekunden bekommen entsprechend schnell ihre Bestellung."

Die Weinhändler sind froh, neben dem stationären Laden und den Geschäftskunden mit dem Webshop – der immerhin inzwischen gut zehn Prozent vom Umsatz erzielt – einen weiteren Vertriebskanal zu haben. „Denn wenn ein Vertriebsweg mal nicht so gut laufen sollte, könnten wir das eine Zeit lang aushalten. Schließlich haben wir inzwischen auch Verantwortung für zwölf Mitarbeiter", erläutert Frank Fischer.

Mut in der Nische

Viele Erfolgsgeschichten im Internet beginnen damit, dass jemand etwas Spezielles sucht, es weder stationär noch online findet und dann beschließt, es eben selbst anzubieten. Und weil diese Onlinehändler mit viel Herzblut ihre Hobbys zum Beruf machen und eine **Marktlücke** gefunden haben, finden sie eine treue Fangemeinde.

Best Practice
Petsdeli.de: Delikatessen für Vierbeiner

Manchmal wird man vom Erfolg überrannt. Bei David Spanier war das zumindest so: Im Januar 2014 eröffnete er das Ladengeschäft Pets Deli am Roseneck in Berlin-Grunewald – und dann rannten ihm Herrchen und Frauchen die Bude ein. Allein in den ersten beiden Monaten fanden tausende Kunden ihren Weg in das auf artgerechtes Tierfutter spezialisierte Geschäft. Darunter waren viele Touristen aus Deutschland und dem europäischen Ausland, die sich Bezugsquellen für das Tierfutter wünschten.

„Wir mussten also schnell mit dem Aufbau eines Onlineshops reagieren. Ein Schritt, der eigentlich erst für Ende des Jahres geplant war", berichtet Spanier. „Mit petsdeli.de können wir die Nachfrage jetzt schnell und unkompliziert zunächst im gesamten Bundesgebiet und in Österreich bedienen."

Der Tierfutter-Multichannel-Händler grenzt sein Angebot bewusst von handelsüblicher Tiernahrung ab. „Zahlreiche Futterangebote beinhalten tierische Nebenerzeugnisse und damit minderwertiges Fleisch, Hirn und Kopfhaut, Geschlechtsorgane, Oberkiefer, Augen und Schädel, Fell sowie Hinter- und Vorderfüße", erläutert Spanier. „Für die Gesundheit eines Tieres sind diese Inhalte nicht zuträglich."

Statt „normaler" Tiernahrung hat Pets Deli Tierfutter in Lebensmittelqualität mit hochwertigen, frischen Zutaten ohne Zusätze für Hunde und Katzen im Angebot, also ausschließlich rohes Fleisch, Knochen und Gemüse. Da die Selbstzusammenstellung recht anspruchsvoll ist – schließlich möchte der Besitzer seinem Tier eine ausgewogene, gesunde Mischung anbieten, kennt sich selbst aber möglicherweise nicht gut genug aus –, versendet Spanier fertige Menüs, wählbar aus rund zwölf Zutaten. So kann man beispielsweise Gerichte wie frisches Känguru mit Banane und Pasta oder Wild mit Mango und Reis bestellen, die mit Ölen, Mixflocken oder Kräutern angereichert werden. „Alle Produkte sind frei von Konservierungsstoffen und antiallergen", wirbt Spanier. „Sie sind biologisch, nachhaltig und weitestgehend regional – vom Inhalt bis zur Verpackung." Den Onlinekunden steht bei Fragen zudem per Telefon, E-Mail oder Live-Chat ein kostenloser Ernährungsberater zu Verfügung.

Die online bestellten Menüs werden an der Frischetheke in Berlin zusammengestellt, gefrostet und per Kühlkarton versandt. „Der Kunde kann das frische Futter dann tiefgekühlt beliebig lange lagern und für die Fütterung einfach auftauen oder in der Mikrowelle erhitzen", so Spanier.

Die ausgeklügelte Verpackung hat Pets Deli im Übrigen zusammen mit der Partnerfirma coolship.de entwickelt: Sie schützt die Ware, hält sie 72 Stunden kühl und ist zu 100 Prozent recycelbar. Die umweltfreundliche Transportkühlung steht auch anderen Unternehmen zur Verfügung.

Best Practice
Frau-tonis-parfum.com: Nase voll von Mainstream

Stefanie Hanssen saß bei einem Konzert in der Berliner Philharmonie neben einer Frau, die einen Duft trug, der sie an ihre Großmutter erinnerte. Allerdings traute Hanssen sich nicht, die Dame nach dem Konzert anzusprechen. Als sie sich auf die Suche nach dem Parfum machte, fand sie allerdings nur „Mainstream"-Düfte. „Ich wollte aber nicht so riechen wie die anderen", sagt Hanssen – und hatte ihre

Geschäftsidee: Sie suchte nach außergewöhnlichen Manufaktur- und Nischen-Parfums, die man nun auch unter frau-tonis-parfum.com bestellen kann.

Ihr Laden in Berlin nahe des Checkpoint Charlie ist so schlicht und elegant wie der Onlineauftritt: hell, luftig, puristisch. Hinter dem Verkaufstresen hängt ein großformatiges Foto von Hanssens Großmutter Toni, die dem Geschäft den Namen gab. Auf einer Mittelinsel präsentiert sie rund 30 Eau de Parfums in Apothekerflaschen, alle prägnant und im Dreiklang beschrieben, wie zum Beispiel „jung, taufrisch, moosig" oder „pudrig, elegant, betörend". Wer mag, kann sich auch ein Duftunikat komponieren lassen – so wie beispielswiese die KaDeWe Group, die Anfang 2015 für die Premiumkaufhäuser Hamburger Alsterhaus, Münchener Oberpollinger und Berliner KaDeWe Editionsdüfte in Auftrag gegeben hat. Der Onlineshop bietet einen simplen Dufttest, der Parfumvorlieben abfragt und entsprechende Vorschläge unterbreitet.

Ihren ersten Laden musste Hanssen nach einer saftigen Mieterhöhung aufgeben, was sich aber im Nachhinein als Glücksfall herausstellte: An der neuen Adresse am Checkpoint Charlie wimmelt es von Touristen, welche zahlreich den schönen Store besuchen. Mittlerweile beschäftigt die Gründerin vier Mitarbeiter und denkt an Expansion. Und Zeit für die Philharmonie hat sie trotz des Erfolgs immer noch.

Weitere aktuelle Geschäftsideen finden Sie unter folgendem Link:

www.derhandel.de/PraxisfuehrerE-Commerce

Lernen von den Nischenanbietern

Onlinehändler wollen nicht nur hohe Besucherzahlen in ihrem Shop erreichen, sondern vor allem viele Bestellungen mit überdurchschnittlich hohen Warenkorbwerten und Pro-Kopf-Umsätzen, also eine gute sogenannte **„Conversion Rate"**. Wie der E-Commerce-Dienstleister dmc digital media center herausfand, haben Händler, die sich spezialisiert haben, bei dieser **Umwandlungsquote von Besuchern zu Kunden** die Nase vorn: Während zwei Drittel der Anbieter im Onlinehandel eine Conversion Rate von weniger als drei Prozent haben, können sich Betreiber von Nischenshops über eine „Umwandlungsquote" von bis zu 25 Prozent freuen. Der Grund: Wenn es um Anglerbedarf, Handarbeitszubehör oder individuell bedruckte

T-Shirts geht, kommen die Kunden nicht zufällig vorbei und wollen sich nur umschauen. Vielmehr weiß der Kunde, der einen spezialisierten Shop aufsucht, schon vorher ganz genau, was er will.

Der Onlinehändler wiederum weiß anhand der gekauften Artikel ebenfalls ziemlich genau, wie seine Kunden ticken, und kann ihnen, sowohl was die Inhalte und Aktivitäten im Shop als auch die Produkte angeht, **treffsichere Angebote** unterbreiten. Dadurch steigt wiederum die Bestellrate und der Händler kann sogenannte Cross- und Up-Selling-Empfehlungen aussprechen: **Cross-Selling**, der Quer- oder Kreuzverkauf, bezeichnet den Verkauf von ergänzenden Produkten oder Dienstleistungen, beim **Up-Selling** bietet der Händler dem Kunden alternativ zur günstigen Variante ein höherwertiges Produkt an.

Nun gibt es viele Onlinehändler, die statt eines spezialisierten Angebots eher einen Gemischtwarenladen im Netz haben. Aber auch sie können vom „Erfolgsrezept Nische" lernen und sich von den kleinen, aber feinen Spezialhändlern das **Prinzip Personalisierung** abschauen. Technisch ist es längst möglich, einzelnen Kunden im Webshop ein Angebot zu unterbreiten, das zu seinem Profil und seinem aktuellen Surfverhalten passt.

Namensfindung: Die richtige Domain

Einfach, einzigartig und (selbst-)erklärend sollte der Name des Webshops oder der Homepage sein, sodass der Konsument sofort weiß, worum es geht. Das wirkt sich auch positiv auf das Suchmaschinenranking aus. **Ein kurzer und knackiger Shopname** prägt sich gut ein und lässt sich leichter in die Werbung einbauen.

- **Firmenname nutzen:** Wer seinen Nachnamen oder originellen Firmennamen einbaut, hat meist den Vorteil, dass die Domain noch frei und günstig zu haben ist.
- **Vorsicht, Marke:** Aufpassen, dass die Domain keinen Markennamen beinhaltet, für den man nicht selbst die Rechte hat. Das kann juristische Probleme geben.
- **Keine Dubletten:** Vorsicht auch vor existierenden Domains, die sich nur in einem Detail von der gewünschten unterscheiden, wie beispielsweise einem Bindestrich oder der Endung „.com" statt „.de". Das führt nicht nur zu Verwechslungen, sondern verprellt die potenziellen Kunden auch.

Seit 2014 wird eine Vielzahl neuer **„Top-Level-Domains“** angeboten; das sind Internetadressen, deren Endungen einen regionalen oder branchenspezifischen Bezug herstellen. Seitdem können Internetseiten statt auf beispielsweise „.de“ auch auf „.ruhr“, „.berlin“ und „.koeln“ enden, oder aber auch Endungen wie „.bike“, „.photography“ oder „.ventures“ haben. Wenig bekannt ist im Übrigen, dass in den URL-Adressen seit einigen Jahren auch Umlaute verwendet werden können.

Die **zentrale Registrierungsstelle** für alle Domains unterhalb der Top-Level-Domain „.de“ ist die Denic e. G. Unter www.denic.de kann man schauen, welche Namen noch frei sind oder wer die Rechte an einer Domain hat, wie auch bei anderen Anbietern wie etwa www.checkdomain.de.

Ladenbau im Netz: Webshop-Software

Die Software ist das technische Grundgerüst für den Internetshop – sozusagen das Herzstück, das alle Anwendungen wie beispielswiese **Produktdatenbank, Warenwirtschaftssystem** und **Kundenkonten** verbindet. Dabei muss der Händler das Rad nicht neu erfinden: Er kann auf bereits vorhandene Shopsoftware zurückgreifen, um seinen virtuellen Laden zu eröffnen. Wie im „echten" Leben ist dabei allerdings die Vorbereitung das A und O: Er muss den Shop an die **Zielgruppe** anpassen und seine **Ziele** festlegen, sich überlegen, was er seinen Kunden bieten möchte und auch, wie viele **Produkte** er heute und in Zukunft verkaufen will – denn bei manchen Shoplösungen ist die Menge der Artikel, die der Händler einstellen kann, limitiert.

Dann geht es an die passende Software: Man kann Standardsoftware mieten, sich einen eigenen Shop programmieren lassen oder kaufen und auf Open-Source-Entwicklungen zurückgreifen. Darüber hinaus können Händler auch über sogenannte White-Label-Shops oder aber Marktplätze wie Amazon und eBay verkaufen.

Grundsätzlich sollte ein nicht so technikversierter Onlinehändler in spe sich eine kompetente und unabhängige **IT-Beratung** suchen: Die Zahl der Anbieter von Shopsoftware ist inzwischen unüberschaubar. Allerdings entbindet ihn das nicht, im Vorfeld sorgfältig seine Ziele zu formulieren und zu planen: Zuallererst muss sich ein Händler bei der Wahl der Software überlegen, wie komplex sein Geschäftsmodell ist und was Software und Betriebssystem entsprechend leisten müssen. Ein **Blick auf die Shops der Konkurrenz** ist dabei nicht verkehrt: Der eigene Shop sollte mindestens eine ähnliche Leistung erbringen wie der der Wettbewerber.

Auswahl der Dienstleister

Die Positionierung, Hintergrundprozesse und weitere Anforderungen an den Internetauftritt sollte der Händler in einem sogenannten **Lasten- oder Pflichtenheft** festlegen. Die Grundlage für die Auswahl von Dienstleistern und Implementierungspartnern ist die Beschreibung des Soll-Zustandes. Selbstverständliche Anforderungen an einen Shop wie beispielsweise der übersichtliche Bestellvorgang können nur kurz genannt werden. Aber alles, was Anforderungen angeht, die dem Onlinehändler Wettbewerbsvorteile einbringen – wie auch wichtige Schnittstellen etwa aus den Bereichen Zahlung, Versand oder Vermarktung – sollte der künftige Webshopbetreiber ausführlicher schildern. Denn technisch ist vieles möglich; aber nur, wenn die IT-Fachleute wissen, was der Händler konkret haben will, können sie es auch umsetzen.

Bei dem **Anforderungskatalog** sollte der Händler festlegen, was er braucht und in welchem Shop er selbst gerne einkaufen würde. Dann sollte er versuchen, **Referenzmodelle** zu finden, und sich mit den jeweiligen Betreibern austauschen. Von deren Erfahrungen kann er nur profitieren und weiß schnell, wie die aktuellen marktrelevanten Anforderungen an einen Shop sind – so kann er das Risiko minimieren, später das System wechseln oder Verluste hinnehmen zu müssen, weil er für sein Geschäftsmodell wichtige Funktionen nicht bedacht hat. Auch in Onlineforen und Blogs kann man sich informieren und von den Erfahrungen anderer Anwender profitieren.

Vor der endgültigen Auswahl der Shopsoftware sollte der Händler zudem erst einmal einen kleinen Test machen, um eine Idee zu bekommen, wie Arbeitsabläufe und Handhabung der Software im Alltag konkret aussehen und wie er mit der Technik zurechtkommt. Bei den meisten Anbietern gibt es eine kostenlose **Testversion** für 30 Tage, mit der der Händler verschiedene Szenarien ausprobieren kann. In dieser Zeit sollte er auch testen, wie schnell und kompetent der Softwarehersteller Probleme behebt und Fragen beantwortet.

Die individuell richtige Shopsoftware zu finden ist deshalb so wichtig, weil es eine Entscheidung (fast) fürs Unternehmerleben ist: Theoretisch kann ein Onlinehändler sich natürlich jederzeit eine neue Software suchen. In der Praxis ist ein Umsatteln aber meist zeitaufwändig und teuer.

Technischer Tausendsassa

Ein guter Onlineshop ist bedien- und benutzerfreundlich, präsentiert die Artikel ansprechend, hat einen klar strukturierten Bestell- und Bezahlprozess und bietet mehrere Bezahlmethoden. Eine gute Webshop-Software muss dementsprechend **skalierbar** und **investitionssicher** sein. Außerdem sollte sie sich **flexibel** anpassen lassen – wenn der Onlineladen richtig brummt, muss die Shopsoftware mitwachsen können. Für Zeiten großen Besucheransturms – etwa im Weihnachtsgeschäft oder nach einer Werbekampagne – sollte der Händler ohne großen Aufwand Serverleistungen dazubuchen können. Das ist heutzutage durch das sogenannte **„Cloud Computing"** kein Problem: Der Unternehmer bekommt die benötigte Informationstechnologie über das Internet auf Basis einer nutzungsbezogenen Abrechnung zur Verfügung gestellt. Zudem sollte die Software so beschaffen sein, dass der Shop schnell in Suchmaschinen gefunden wird und Marketinginstrumente wie Gutscheine und Rabatte, aber auch intelligente Empfehlungen und Verlinkung auf passende Produkte anbietet sowie die Produkte in sozialen Netzwerken wie Facebook, Twitter oder Google+ vermarkten kann.

Ein Webshop ist wie ein stationäres Geschäft nicht statisch, sondern muss sich den sich **ständig ändernden Interessen der Besucher** anpassen. Um die Änderungen so schnell wie möglich zu erkennen, sollte die Shoplösung daher Daten über die Kunden und deren Surf- und Shopverhalten sammeln und auswerten können. Auch rechtlich gibt es immer wieder Änderungen: Gute Shops belehren ihre Kunden stets „rechtssicher" zum Widerrufsrecht und haben transparente und aktuelle Allgemeine Geschäftsbedingungen (AGB).

Die **Anbindung an Warenwirtschaftssysteme** und **Bonitätsprüfungen** sowie **offene Schnittstellen** zu weiteren Services sind weitere unabdingbare Voraussetzungen. Für stationäre Händler ist zudem eine Anbindung an das Kassensystem empfehlenswert, sodass immer alle Beteiligten auf dem neuesten Stand sind, egal ob on- oder offline. Neben der Anzeige, ob und in welcher Zeit die Produkte lieferbar sind, kann eine gute Software automatisch per E-Mail eine Bestellbestätigung und eine sogenannte Tracking-ID senden, damit der Kunde verfolgen kann, wo sich die versendete Ware gerade befindet. Im persönlichen Kundenkonto sollten Onlinekäufer zudem ihre Wunschzettel verwalten, einen Überblick über aktuelle und ältere Bestellungen bekommen sowie ihre hinterlegten Daten wie Rechnungs- und Lieferadressen einsehen können.

Immer öfter werden Webshops auch mit **„Live-Support-Systemen“** ausgestattet, die die Absprungraten verringern und durch eine Beratung den Verkauf unterstützen sollen. Kann die Software darüber hinaus verschiedenen Sprachen, Währungen und landesspezifische Steuersätze sowie rechtliche **Länderspezifika** verarbeiten, steht dem Händler eine internationale Expansion offen. Das mag vielleicht am Anfang noch nicht wichtig sein, kann es aber – wenn alles gut läuft – schnell werden.

Im Hinblick auf die **Sicherheit** der Shopsoftware ist die schlechte Nachricht, dass das Internet grundsätzlich Risiken birgt und sowohl in gekaufter als auch gemieteter oder lizenzfreier Software Sicherheitslücken auftreten. Bei letzterer bemühen sich allerdings statt eines Unternehmens oder Händlers viele Entwickler, den Fehler zu beheben. Andererseits haben Hacker bei der quelloffenen Software auch freien Einblick in sensible Teile der Webshopprogrammierung.

Mobile Anwendungen

Last but not least sollte der Onlinehändler auch auf das Thema **„Mobile Commerce“** vorbereitet sein: Dem IT-Branchenverband Bitkom zufolge wurden 2014 allein in Deutschland rund 30 Millionen Smartphones verkauft, und einer Studie von Google und TNS Infratest zufolge surfen nur noch 37 Prozent der deutschen Nutzer ausschließlich über einen stationären Internetzugang. Also ist ein Händler gut beraten, auch mobile Kunden anzusprechen. Zudem ist es ratsam, seine geplante **Infrastruktur** auf diese Anforderungen abzustimmen und für unterschiedliche Endgeräte, vor allem Smartphones und Tablets, so nutzerfreundlich wie möglich anzuzeigen („Responsive Webdesign“).

Mobile Commerce hört sich gut an, muss aber auch gut gemacht sein, um die Kunden zu begeistern. Denn umso selbstverständlicher Smartphone & Co. werden, desto mehr erwarten die Nutzer im Hinblick auf **Geschwindigkeit und Bedienungsfreundlichkeit** des mobilen Shops – der natürlich im Idealfall im Gewand einer App daherkommt. Dabei ist es nicht allein entscheidend, den Onlineshop gut aufs Handy oder den Tablet-PC zu bringen und dem Besucher schnell anzuzeigen, was er sucht. Vielmehr sollte der Onlinehändler in seinem „normalen“ Webshop Angebote und Dienstleistungen anbieten, von denen der Kunden auf mobilen Endgeräten einen Nutzen hat. So kann beispielsweise ein Outdoorhändler seinen Kunden eine Tourenplaner-App zur Verfügung stellen und Empfehlungen für sinnvolle Ausrüstung einbinden oder ein Fotofachhändler Tipps rund um das Fotografieren mit Zubehör für Kameras & Co. verbinden.

Die Qual der Wahl: Welcher Shop passt zu Ihnen?

Eigenentwicklung

Wenn ein Händler Herr im eigenen Haus sein will und auf eine **individuelle Gestaltung und Geschäftsprozesse** Wert legt, kann er sich einen Webshop nach seinen individuellen Bedürfnissen bauen lassen. Die eigene Lösung ist allerdings ein **kostspieliges Vergnügen**, denn Pflege, Wartung, Sicherheit, Aktualisierung und die Integration neuer Funktionalitäten („Features") muss der Händler selbst übernehmen und entsprechendes Personal einstellen oder einem Dienstleister übertragen. Der Händler muss entscheiden, ob eine Eigenentwicklung den inzwischen softwaretechnisch ausgereiften Miet-, Kauf- und Open-Source-Lösungen überlegen ist und ob sich der Aufwand lohnt.

Eigenentwicklung

Vorteile: Individuelle Gestaltung, auf Geschäftsprozesse zugeschnitten
Schnellere Anpassung an Kundenwünsche und Marktanforderungen
Differenzierung von Wettbewerbern

Nachteile: Kosten
Hohes technisches Know-how erforderlich

Kaufsoftware

Shopsoftware, die der Händler kaufen kann, beruht meist auf **Open-Source-Lösungen** oder ist eine **Eigenentwicklung** der Anbieter. Die Kauflösungen bieten in aller Regel **umfassende Funktionen** wie etwa Schnittstellen zu gängigen Warenwirtschafts- und Onlinebezahlsystemen. Auch bei den Kaufshops gibt es vergleichsweise einfach zu bedienende Basissoftware, Programmierkosten sind also nicht unbedingt erforderlich.

Die Softwareanbieter übernehmen zudem die Installation und bieten eine Beratung sowie die Anpassung an die individuellen Bedürfnisse. Welche weiteren Kosten hierfür hinzukommen, sollte der Händler im Vorfeld klären. Denn einer der Nachteile bei den Kauflösungen ist, dass künftige Aktualisierungen (Updates) **Zusatzkosten** verursachen.

Zudem muss der Händler auch Sorge für die Pflege, Wartung, Sicherheit, Aktualisierung und die Integration neuer Funktionalitäten entweder selbst übernehmen oder einem Dienstleister übertragen. Zu dem eigentlichen Kauf der Software – der Preis hierfür reicht von etwa tausend bis hin zu mehreren zehntausend Euro oder, je nach Lösung, noch weit mehr – können monatlich also noch weitere stattliche Kosten hinzukommen.

Kaufsoftware

Vorteile: Umfassende Funktionen
Wenig technisches Know-how nötig

Nachteile: Hohe Kosten, auch mittel- und langfristig

Mietsoftware

Mit einem gemieteten Webshop kann ein Händler **schnell und preiswert** in den Onlinehandel einsteigen. Die wichtigsten Funktionen sind dort in Standardsoftware abgebildet und können individuell an die Anforderungen des Händlers angepasst werden. Als Vorteil der Mietshoplösung gilt, dass der E-Shop vom Händler komplett in Eigenregie angelegt und gepflegt werden kann und kein Dienstleister beauftragt werden muss, der den Shop gestaltet und die Konfiguration sowie den laufenden Betrieb übernimmt.

Der Mietshop ist **technisch immer up to date**: Sobald neue Funktionen entwickelt werden oder es neue gesetzliche Vorgaben gibt, bekommt der Onlinehändler sie bei der Mietlösung automatisch überspielt – ohne mit technischen Details belästigt zu werden. Der Softwareanbieter übernimmt zudem die Wartung des Systems und das sogenannte Hosting, bei dem er per Internet die technischen Ressourcen zur Verfügung stellt. Der Händler braucht daher für den E-Shop keinen eigenen Server, die Kosten für Anschaffung und Wartung entfallen.

Künftige Erweiterungen und Anpassungen des Webshops sind bei den Mietshops hingegen etwas komplizierter. Der Händler sollte sich daher vor Abschluss eines solchen Vertrages zunächst informieren, welche Änderungen überhaupt durchgeführt werden können. Individuell gewünschte **Funktionen können nicht nachträglich programmiert werden**, da der Shopmieter bei der Mietlösung anders als bei Kauf- oder Open-Source-Software keinen Zugriff auf die Quellcodes hat.

Bei der Lösung von der Stange sind jedoch viele Funktionen bereits enthalten, die sonst erst programmiert werden müssten. So gehört beispielsweise die **Anbindung an Preisvergleichsportale, Marktplätze** wie eBay oder Amazon und **Suchmaschinen** wie Google sowie an verschiedene Onlinezahlverfahren inzwischen genauso zum Standard wie die Zurverfügungstellung passender **Schnittstellen** für große Logistikanbieter. Allerdings gilt es, auch hier im Detail zu prüfen, ob Schnittstellen zu den eigenen Systemen vorhanden sind und was sie gegebenenfalls zusätzlich kosten.

Der Preis für eine einfache Mietshop-Lösung ist meist moderat und der Händler weiß genau, mit welcher monatlichen Summe er rechnen muss. Die günstigen Mietvarianten sind vor allem für Händler geeignet, die gerade erst in das Internetgeschäft einsteigen oder diesen Vertriebsweg einmal ausprobieren wollen.

Allerdings kann man bei den günstigen Mietshop-Lösungen nicht immer telefonische Rund-um-die-Uhr-Unterstützung erwarten, wenn etwas schief läuft. Weil der Anbieter viele verschiedene Shops hostet und auf einer Plattform verwaltet, kann ein Händler bei einer günstigen Mietshop-Lösung zudem nicht immer tun und lassen, was er will.

Will er etwas mehr Freiheit, kann er auf die etwas teureren, sogenannten **virtuell dedizierten Server** setzen. Dort läuft der Shop auf einem eigenen Server, sodass einige Beschränkungen entfallen. **Zusätzliche Funktionen** können individuell hinzugebucht werden, man ist also nicht auf das Paketangebot eines Providers angewiesen. Auch hier gilt, sich im Vorfeld über die Preise zu informieren. Die Leistung des gebuchten Servers steht komplett dem eigenen Shop zur Verfügung. Ähnlich wie bei den einfachen Mietshops werden auch diese virtuell dedizierten Shops von dem Dienstleister gewartet, der Händler muss sich also auch hier nicht um Dinge wie Aktualisierungen kümmern. Allerdings ist es hier ebenfalls nicht möglich, direkt in die Software einzugreifen und Funktionen komplett individuell anzupassen: Das würde die automatische Wartung des Systems beeinträchtigen.

Üblicherweise sind die Funktionen, die in einem Kaufshop integriert sind oder sich in einer lizenzfreien Open-Source-Lösung vergleichsweise einfach einrichten lassen, deutlich größer als bei Mietshops. Daher sollten die vergleichsweise günstigen Kosten für die Anschaffung nur ein Aspekt bei der Auswahl sein. Entscheidend ist, wie teuer und aufwändig Änderungen im Laufe der Zeit ausfallen.

Mietsoftware

Vorteile: Geringere einmalige Kosten
Monatliche Kostenkontrolle
Vergleichsweise einfache Bedienung
Wenig technisches Know-how nötig
Immer aktuell

Nachteile: Geringe Gestaltungsfreiheit
Geringer Funktionsumfang
Langfristige Kosten

Open Source

Open Source (OS), englisch für „offene Quelle", bedeutet bei Software, dass der **Programmiertext öffentlich zugänglich** und die Software an sich somit gratis ist. Doch kostenlos ist ein Open-Source-Shop deshalb nicht: Für das Einrichten, Anpassen, die Wartung und Entwicklung spezieller Funktionen beauftragt der Händler in aller Regel Dienstleister oder baut eine eigene IT-Abteilung auf – und das kostet natürlich.

Doch die OS-Shops haben durchaus einige Vorteile: Händler bezahlen bei der offenen Software nur so viel Shop, wie sie tatsächlich brauchen. Weltweit aktive Entwickler-Communities bieten zu vielen Problemen und Anforderungen bereits entsprechende Lösungen an, die sie wiederum der Open-Source-Gemeinde zur Verfügung stellen. Mit **vorgefertigten Softwarebausteinen** lassen sich zudem viele Funktionalitäten ohne größeren Aufwand nachträglich hinzufügen.

Weil die Quellcodes offen sind, sind Anpassungen vergleichsweise schnell zu bewerkstelligen. Zwar wird auch kommerzielle Software regelmäßig weiter entwickelt, meist aber in festen Entwicklungszyklen, die der Onlinehändler nicht beeinflussen kann. Die Betreiber und Programmierer von OS-Shops hingegen können sofort auf Entwicklungen am Markt reagieren.

Ein großer Vorteil von Open Source ist die **große Gestaltungsfreiheit** der Shopbetreiber: Der Händler kann sich einen Programmierer suchen, der für ihn individuell wichtige Features entwickelt. Denn das ist ein weiterer Vorteil der OS-Lösung: Der Shopbetreiber ist an kein Unternehmen, an keinen Programmierer gebunden. Missfällt ihm der Service oder die Leistung, bekommt er beides von einem anderen Dienstleiter. Anders als bei der Kauf- und Mietsoftware sowie der eigenen Lösung ist der Händler bei Open Source **in finanzieller und operativer Hinsicht unabhängig**.

Ist zudem ein Mitarbeiter oder eine Abteilung in der Lage, sich in die Software einzuarbeiten, sind kleinere Anpassungen sogar selbst zu bewältigen. Alternativ bieten einige der OS-Shop-Hersteller mittlerweile selbst kostenpflichtige Supportpakete an.

Open Source

Vorteile: Kostenlose Anschaffung
Höchstmögliche Anpassungsfähigkeit
Schnelle Problembehebung/Erweiterung
Unabhängigkeit von Softwareherstellern

Nachteile: Technisches Know-how erforderlich
Kosten für individuelle Wünsche

White Label

Ein stationärer Händler, der über gute Geschäftsbeziehungen zu seinem **Großhändler** oder einer **Verbundgruppe** verfügt, kann auch in sogenannte White-Label-Lösungen einsteigen. Dabei übernimmt der Anbieter, beispielsweise ein Großhändler, den kompletten Betrieb des Händler-Internetshops. Er passt die White-Label-Shoplösung an die Anforderung der Kunden an und übernimmt in dessen Namen als **Fullservice-Dienstleister** den Betrieb inklusive Datenpflege und Hosting, die Zahlungsabwicklung, den Kundenservice und die Logistik – oder auf Wunsch nur Teile davon.

Der Händler muss letztlich nicht viel tun, um „seinen" Shop zu betreiben. Er wählt zwar aus, wie sein Sortiment im Internet aussehen soll, aber der Versand der Artikel des Großhändlers wird komplett von diesem übernommen. Kein eigener Wareneinsatz, keine Kosten für den technischen Betrieb, kein zusätzliches Personal, geringe bis keine Fixkosten – ein solcher Shop eignet sich vor allem für Händler, die **zusätzlich zum Ladengeschäft im Internet präsent** sein wollen, aber eigentlich keine große Arbeit in den Onlineshop stecken möchten.

Der Onlinehändler muss mit einmaligen und monatlich laufenden Kosten rechnen, manche Distributoren verlangen auch Provisionen für die gelieferten Produkte. Der Gewinn, den ein Händler mit diesen Lösungen erzielen kann, ist dementsprechend unterschiedlich.

White Label

Vorteile: Kaum Aufwand
Kaum Kosten

Nachteile: Geringer Gewinn

Marktplätze

Eine weitere Möglichkeit, ohne eigene Software in den Onlinehandel einzusteigen, ist der Verkauf über **Marktplätze und Auktionshäuser**. Der Aufwand, seine Produkte einzustellen, ist vergleichsweise gering. Je nach Bekanntheit des Marktplatzes wird der Händler von potenziellen Kunden leicht gefunden. Allerdings macht sich der Onlinehändler auch schnell abhängig von dem jeweiligen Marktplatzbetreiber, wenn dies sein einziger Onlinevertriebsweg ist, und muss alle Änderungen mitmachen.

Verkauft ein gewerblicher Händler beispielsweise über Portale wie eBay und Amazon, liegen die **Kosten** für die dort generierten Umsätze schnell im zweistelligen Prozentbereich. Der Verkauf über einen bekannten Marktplatz kann zunächst als eine **Marketingmaßnahme** gesehen werden, um in dem unüberschaubaren World Wide Web gefunden zu werden. Daher sollte der Händler nachrechnen, ob sich die Kosten für die Bekanntheit und das über den Partner „mitgebuchte" Vertrauen auch langfristig lohnen.

Für den **Einstieg in den Onlinehandel** sind Marktplätze eine gute Möglichkeit, um erst einmal in Ruhe zu schauen, wie das Internetgeschäft läuft. Sobald der Onlinehandel jedoch etwas professioneller wird und größere Umsätze erzielt, lohnt sich ein **separater eigener Shop**. Die Software macht das in aller Regel klaglos mit: Schnittstellen für den Verkauf über Marktplätze werden inzwischen von fast allen Shop-Softwares geboten.

Marktplätze

Vorteile: Geringer Aufwand
Große Kundenbasis
Marketingeffekt

Nachteile: Abhängigkeit

Das muss die Shopsoftware können

- Den zuvor vom Händler genau festgelegten Funktionsumfang bieten
- Den festgelegten Individualitätsgrad des Shops abbilden können
- Finanziell und mit angemessenen Arbeitsaufwand realisierbar sein
- Für künftige Anforderungen gewappnet sein, „mitwachsen" können
- Bestehende Systeme des Händlers einbinden
- Sich einfach administrieren und pflegen lassen
- Einfach und alltagspraktisch zu bedienen sein
- Eine transparente Auflistung der Kosten durch den Dienstleister bieten, die neben der Software noch hinzukommen
- Zugesicherte schnelle und kompetente Problemlösungen bieten

Weitere Beispiele für eine Shopsoftware finden Sie unter folgendem Link:

www.derhandel.de/PraxisfuehrerE-Commerce

Best Practice
ANWR Group und schuhe.de: Gemeinsam zum Erfolg

Die Online-Plattform schuhe.de ist seit Frühjahr 2013 online und gibt mittlerweile mehr als 6 200 eigenständigen Schuh- und auch Sportfachgeschäften in Deutschland, Österreich und der Schweiz unter dem Dach der Verbundgruppe ANWR Group die Möglichkeit, sich im Internet zu präsentieren.

Zu den Artikeln, die in den Onlineshops des Portals verfügbar sind, zeigt schuhe.de den Nutzern direkt diejenigen Onlinehändler, die den ausgewählten Artikel oder die jeweilige Marke führen. Zusätzlich zu den integrierten Onlineshops präsentiert sich auf schuhe.de jedes Fachgeschäft mit einer elektronischen Visitenkarte. Die Websites der stationären Händler informieren über Kontaktdaten, Öffnungszeiten, Ansprechpartner, Ausstattung, Serviceleistungen und Markenauswahl.

Zudem hat die Verbundgruppe eine App für Smartphones und Tablet-PCs entwickelt, mit deren Hilfe die Konsumenten auch von unterwegs die Schuhgeschäfte in der Nähe mit allen ergänzenden Informationen zu Öffnungszeiten, Service und Marken finden. Das „digitale Schaufenster" zeigt darüber hinaus den in den Läden verfügbaren Bestand vieler Händler, sodass der Kunde die Ware im Fachgeschäft anschauen oder auch online bestellen und stationär abholen kann. Darüber hinaus ist die Teilnahme an Gewinnspielen aus der App heraus möglich, die bald auch als digitale Kundenkarte dienen kann.

Auf schuhe.de können sich neben den Händlern auch die Hersteller selbst präsentieren, beispielsweise mit einem eigenen Marken-Showroom, der wiederum unter anderem zu den Social-Media-Seiten der Produzenten verlinkt wird. Im Marken-Showroom werden darüber hinaus auf einer digitalen Werbefläche die Videos oder Bilder aktueller Kampagnen oder Produkte gezeigt.

Die ANWR Group bietet ihren angeschlossenen Händlern auch individuelle Services wie regionales Onlinemarketing oder Social-Media-Marketing.

3 Sekunden

Mehr Zeit geben die meisten Kunden einem Onlineshop nicht, um das Angebot zu laden. Fast zwei Drittel (65 Prozent) der Shopper weltweit brechen einen Einkauf nach dieser kurzen Zeitspanne ab, wenn sie die Seite dann nicht sehen, hat das auf Internet Intelligence und Performance spezialisierte Unternehmen Dyn herausgefunden.

Abbildung 1: Shopsysteme der Top-1000-Online-Händler

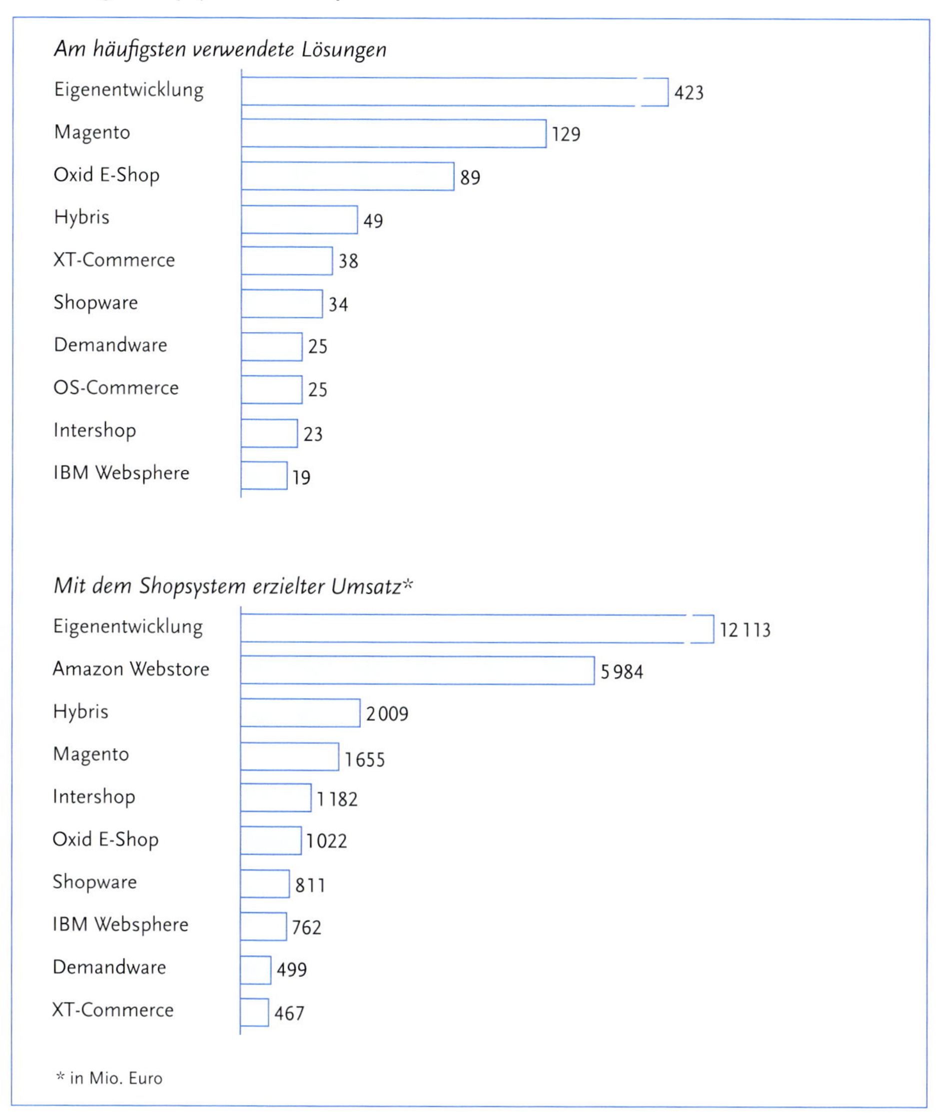

Quelle: Kiesewetter, Shopsysteme in Deutschland 2015 (2015).

Usability: Hauptsache nutzerfreundlich

Kommt ein Kunde in ein Geschäft, muss er sich auf den ersten Blick zurechtfinden – sonst geht er wieder raus. Das ist im Internet nicht anders – nur, dass es einen großen Nachteil zwischen virtueller und „echter" Welt gibt. Im stationären Handel kann der Kunde das Produkt mit allen seinen Sinnen erleben: Er kann einen Artikel in Augenschein nehmen, ihn anfassen, daran riechen oder sich vom Klang oder Geschmack überzeugen. Der Distanzhandel stößt hier schnell an Grenzen, die ein Onlinehändler mit technischer Hilfe überwinden muss.

Der Internetkunde von heute hat gewisse **Ansprüche**: Er ist nicht bereit, in einem Webshop lange und umständlich nach einem Produkt zu suchen oder sich durch einen unübersichtlichen Bestellvorgang zu quälen. Er erwartet, dass die Suchmaschine eventuelle Tippfehler erkennt und ihm trotzdem das gewünschte Produkt anzeigt. Im schnellen und vernetzten Web verliert der Händler nicht nur den aktuellen Umsatz, wenn ein potenzieller Kunde abspringt, weil er sich nicht zurechtfindet. Vielmehr erzählt der enttäuschte Surfer unter Umständen seinen Freunden oder in Netzwerken und Blogs von seiner schlechten Erfahrung.

Ein guter Onlineshop sollte daher **klar strukturiert** und **intuitiv zu bedienen** sein – auch und gerade für Nutzer, die ihn das erste Mal besuchen. Die Benutzerfreundlichkeit heißt auf Englisch „Usability". Wie „gebrauchstauglich" eine Software ist, ist in der internationalen Norm EN ISO 9241 festgelegt. In Teil 11 des Standards werden dazu drei Leitkriterien festgelegt: Die Effektivität zur Bewältigung einer Aufgabe, die Effizienz bei der Handhabung des Systems sowie die Zufriedenheit der Nutzer.

Bedienungsfreundlichkeit im Onlineshop

Effektivität: Der Kunde muss erfolgreich bestellen können.

Effizienz: Der Bestellvorgang muss ohne viel Aufwand in möglichst wenigen Schritten erledigt werden.

Zufriedenheit: Der Kunde will/soll Spaß und ein gutes Gefühl beim Einkaufen haben.

(Usability nach EN ISO 9241)

Ein schlecht konzipierter Shop hat demnach hohe **Abbruchquoten**, denn er führt den Besucher nicht zum Ziel, zwingt ihn, länger zu bleiben, als er will, und frustriert ihn schließlich. Ein guter Onlineshop hingegen hat eine hohe **Kaufabschlussrate**: Der Konsument bekommt die Informationen, die er braucht, kann die Bestellung zügig über die Bühne bringen und fühlt sich emotional angesprochen; er verweilt gerne im Shop, besucht ihn wieder und empfiehlt ihn bestenfalls weiter. Die sogenannte **Barrierefreiheit** ist dabei die oberste Maxime: Jeder Internetnutzer muss unabhängig von seiner technischen Ausrüstung uneingeschränkt effektiv, effizient und „zufrieden" einkaufen können – auch und gerade auf kleinen Smartphone-Displays.

Im Onlinehandel gibt es übrigens den berühmten kleinen Unterschied: Während Männer grob gesagt zielgerichtet einkaufen und schnell die notwendigen Informationen über das Produkt lesen wollen, sind Frauen kommunikative „Lustkäufer": Sie wollen emotional unterhalten werden, mögen Inszenierungen, die sie zum Kauf anregen, und tauschen sich auch gerne einmal mit Gleichgesinnten aus. Noch immer aber vernachlässigen viele Onlinehändler den kommunikativ-emotionalen Aspekt bei ihrem Shopkonzept – und verpassen damit die Chance, shoppingbegeisterte Konsumentinnen für sich zu gewinnen.

Kundenerwartungen: Übersichtlichkeit ist das A und O

Es gibt grundsätzliche Anforderungen, die die Grundlage für einen übersichtlichen Shop bilden – **Gestaltungsregeln**, die der Internetnutzer inzwischen „gelernt" hat und somit auch erwartet. **Links** sind beispielsweise durch Unterstreichung gekennzeichnet, und daher sollte der Nutzer alles, was unterstrichen ist, auch anklicken können. Die **Menüoptionen** müssen sich auf jeder Seite im Shop in der gleichen Reihenfolge befinden, und neben der gleichbleibenden Navigation auf allen Seiten des Shops sollten auch **Typografie und Farbauswahl** einheitlich gestaltet sein. Internetnutzer brauchen zudem einen „Rettungsklick", mit dem sie einfach und schnell wieder auf die Startseite kommen, wenn sie aus Versehen eine Funktion angeklickt oder eine falsche Seite aufgerufen haben.

Der Konsument muss zu jeder Zeit das Gefühl haben, dass er im Shop nichts falsch machen kann und stets über alle Vorgänge die Kontrolle behält. Artikel, die der Kunde einmal in den **Warenkorb** gelegt hat, muss er problemlos wieder herausnehmen oder das Etikett noch einmal lesen können – genau wie bei einem echten Einkaufswagen. Der Warenkorb ist immerhin eines der Elemente, die der Onlinekäufer aus dem „echten" Leben kennt. Also sollte diese Einkaufshilfe auch genauso flexibel sein wie im stationären Handel.

Übertragen auf die Technik heißt das, dass es möglichst einfach sein sollte, zwischen Warenkorb und Produktinformationen hin- und herzuspringen, die einzelnen Artikel hineinzulegen, in der Menge zu verändern oder wieder zu entfernen sowie jederzeit schnell auf die Suche zugreifen zu können. Einzelne Bearbeitungsschritte müssen einfach wieder rückgängig gemacht werden können. Auch und gerade bei dem letzten Schritt, dem **„Check-out-Prozess"**, muss der Kunde jederzeit über die Navigationsleiste zurück springen können.

Wissen, was passiert

Der Anwender will zu jeder Zeit wissen, was passiert. So sollte er beispielsweise informiert werden, ob der angeklickte Artikel tatsächlich im Warenkorb liegt. Nutzt der Onlinehändler animierte Seiten, hilft es dem Kunden, durch den angezeigten Ladestatus abzuschätzen, wie viel Zeit das Laden noch braucht. Der Käufer sollte zudem **auf einen Blick** erkennen, ob er selbst eingeloggt und ob der Artikel verfügbar ist.

Die **Eingabe zu vieler Daten** wie etwa Informationen zur Person, zur erwünschten Bezahlart, Liefer- und Rechnungsadresse ist langwierig und stört die Lust am Onlinekauf. Für Konsumenten, die ihre Daten nicht gerne „dauerhaft" gespeichert haben wollen, ist ein **Gastkonto** hilfreich, bei dem der Onlineshopper die Bestellung abschicken kann, ohne in dem Webshop ein Kundenkonto anlegen zu müssen.

Hilfreich ist eine optische Angabe, wo genau im Bestellprozess sich der Kunde befindet und welche Schritte noch erforderlich sind. Innerhalb der einzelnen Schritte sollte der Kunde **so wenig Aufwand wie möglich** haben. Ein guter Shop sollte sowohl die Schnellbestellung ohne Anmeldung für **Gelegenheitskäufer** als auch ein Nutzerkonto für **Vielbesteller** anbieten.

Stöbern, merken, weiterempfehlen

Durch die „Stöber-Funktion" (Browsing) kann der Kunde sich in verschiedenen Kategorien umschauen. Artikel, die der Nutzer interessant findet, aber noch nicht kaufen will, sollte er auf einem digitalen **Merkzettel** oder einer **Wunschliste** speichern können. Der Kunde, der die Fundstücke speichern oder die Infos mit einem entsprechenden Link an Freunde und Bekannte weiterschicken kann, kann später ohne lange Suche einkaufen.

Der Kunde möchte über Preise, Sortiment und Qualität informiert werden. Mit einer ausführlichen, übersichtlichen **Produktbeschreibung** und der Möglichkeit, einzelne Produkte detailliert zu vergleichen, schafft der Händler online eine qualifizierte Kundenberatung. Ein zusätzliches **Produktranking** durch andere Käufer kann den Kunden bei seiner Entscheidung unterstützen.

Neben dem exakten **Kaufpreis**, der schon vor dem Weg zur Kasse klar erkenntlich sein muss, sollten auch die **Lieferkosten** transparent ausgewiesen werden. Wenn ein Kunde Konditionen und Vertragsbedingungen erst länger suchen muss, entsteht leicht der Verdacht, dass der Shop unseriös sein könnte.

Fehleingaben vermeiden

Aktionen mit weitreichenden Konsequenzen, etwa wenn der Kunde wichtige Kontaktdaten ändern will, sollte sich der Händler bestätigen lassen. Fehleingaben können durch **konkrete Hinweise vor der Eingabe** vermieden werden. Zum Beispiel sollte der Händler die Mindestlänge und Zusammensetzung von Passwörtern vorher kommunizieren.

Wenn ein Kunde in einer Eingabemaske eine falsche Angabe macht, sollte das entsprechende Eingabefeld **gut sichtbar markiert** und der Fehler möglichst **konkret**

und verständlich benannt werden. Statt einer schwammigen Fehlermeldung wie „Eingabe ungültig“ ist eine Meldung wie „Geben Sie bitte das Datum im Format TT.MM.JJJJ ein“ sinnvoll.

Der Webshop muss für neue, unerfahrene Kunden genau so attraktiv sein wie für „alte Hasen“. Während treue Kunden es schätzen, wenn wiederkehrende Aktionen automatisiert sind und in ihrem persönlichen Profil gespeichert werden, sind vorsichtigere Nutzer daran interessiert, auch ohne Kundenlogin bestellen zu können. „Stammkunden“ können mit einer personalisierbaren Startseite begrüßt werden, bei dem der Händler individuell interessante Inhalte dynamisch zusammenstellt.

Das Auge kauft mit: Visualisierungen und Beschreibungen

Artikel, Aktionen oder Optionen sollten visualisiert werden. Im Warenkorb sollte neben der **Artikelbeschreibung** auch eine kleine **Abbildung** des Artikels stehen, damit der Kunde auf einen Blick sieht, welche Artikel sich im Warenkorb befinden, ohne die Beschreibung durchlesen zu müssen. In der Artikelbeschreibung sollte der Händler Fachbegriffe oder unbekannte Kunstwörter vermeiden.

Produktbeschreibungen sollten für den Benutzer wirklich **relevante Informationen** enthalten. Je nach Produkt sind Bilder ansprechender als detaillierte technische Daten. Gute Bilder und mehrseitige Ansichten – möglicherweise auch mit Zoomfunktion zur Detaildarstellung –, die der räumlichen Vorstellung dienen, machen den Nachteil wett, dass der Kunde die Produkte nicht anfassen kann. Aber Vorsicht: Wenn Sie keine guten Produktbilder haben, sollten Sie lieber darauf verzichten – und sich keinesfalls dazu verführen lassen, einfach Bilder im Internet zu „klauen“. Klären Sie beispielsweise vorher mit dem Hersteller, ob Sie seine Produktbilder verwenden dürfen, um eine teure Abmahnung aufgrund einer **Urheberrechtsverletzung** zu vermeiden.

Die Dialoge und Formulare sollten auf die Informationen reduziert werden, die für die Bedienung notwendig sind. Benennen Sie Eingabefelder kurz und prägnant, sodass der Nutzer sofort weiß, wo er welche Angaben eintragen soll. Insgesamt sollte der Shop **übersichtlich, hell und freundlich** gestaltet sein. Sind die Farben zu intensiv oder ist der Sättigungsgrad zu hoch, wirkt der gesamte Shop schnell zu bunt und unseriös.

In der folgenden Übersicht finden Sie die wichtigsten Regeln und Tipps zur Gestaltung Ihres Webshops.

Die Startseite: *Keine zweite Chance für den ersten Eindruck*

Der Kunde entscheidet in wenigen Sekunden, ob ihm ein Shop gefällt oder ob er zur Konkurrenz weitersurft. Die Startseite entscheidet also über den Verbleib des Kunden und verleitet ihn im Idealfall dazu, sich im Shop umzuschauen. Studien zufolge bevorzugen Nutzer Seiten, deren Inhalt sie auf Anhieb überblicken und sich nicht erst mühsam „erscrollen" müssen: Deshalb sollte der Kunde mit maximal anderthalb Mausdrehungen die komplette Seite erfassen können. Weniger ist also mehr: Eine überfrachtete Startseite verwirrt den Kunden nur. Er muss allerdings auf den ersten Blick erkennen, welchen E-Shop er benutzt.

- Ansprechende farbliche Gestaltung für einen freundlichen Empfang
- Klare Struktur für gute Orientierung: Schneller Überblick über die präsentierten Produkte
- Identität des Händlers schafft Vertrauen: Impressum, Logo, „Wir über uns"
- Sinnvolle Aufteilung des Sortiments in übersichtliche Kategorien – vereinfacht die gezielte Suche und motiviert zum Schmökern
- Inhalte sollen neugierig machen und zum Verweilen und Stöbern einladen, etwa mit emotional ansprechenden Teasern
- Ansprechende Produktabbildungen
- Klarer Seitenaufbau
- Verschiedene Navigationsmöglichkeiten
- Suchfunktion
- Weniger ist mehr: Seite nicht überfrachten, auf sogenannte Splash Screens wie Willkommensmeldungen und Flash Intros verzichten

Produktsuche: *Schnell und einfach finden*

Nichts ist nerviger als zu suchen: Wenn ein Kunde in einem Onlineshop zu lange nach einem Produkt forschen muss oder falsche Ergebnisse bekommt, gibt er enttäuscht auf. Als zentrales Element im Onlineshop muss die Suchfunktion einfach zu bedienen sein und genaue Suchergebnisse liefern. Die Suchfunktion sollte durch Analysen, welche Suchbegriffe am häufigsten eingegeben werden und welche keine Treffer landen, ständig verbessert werden. Zudem sollte sie fehlertolerant sein: Wenn der Kunde sich vertippt, sollte die Suchmaschine trotzdem wissen, was der Kunde will.

- Suchfunktion auf der Startseite im Blickfeld des Betrachters platzieren
- Filter anbieten, der die Zahl der Suchergebnisse einschränkt
- Den Nutzern schon während der Eingabe passende Treffer anzeigen
- Fehlertoleranz etwa gegenüber Tippfehlern: „Meinten Sie vielleicht ...?“
- Umfassender Schlagwortkatalog, weil Kunden verschiedene Bezeichnungen kennen
- Hilfestellung durch Vorschläge und Empfehlung
- Tabellarische Ergebnisseite für eine bessere Orientierung
- Erkennbare und wählbare Reihenfolge, etwa aufsteigend nach Preis
- Stichpunktartige Artikelerläuterungen für eine Vorauswahl

Kategorienavigation: *Gut geführt durch den Onlineshop*

Der Wegweiser durch den Shop ist das wichtigste Orientierungselement – sowohl für Kunden, die zielgerichtet suchen, als auch für die, die sich umschauen und inspirieren lassen wollen.

- Gut erkennbare und plausible Struktur
- Einstiegsmöglichkeiten über Kategorie- oder Produktteaser
- Verständliche und einheitliche Klickwege
- Nachvollziehbare Einteilung in Haupt- und Unterkategorien

- Gleichbleibende Klickpfade beim Vor- und Zurücknavigieren
- Passende Produkte miteinander in Verbindung setzen
- Links zu themenverwandten Kategorien
- Links für einen schnellen Zugriff auf wichtigste oder oft genutzte Bereiche

Produktübersicht: *Innerhalb einer Kategorie*

- Einheitlicher Seitenaufbau für eine bessere Orientierung
- Kurze Darstellung der wichtigsten Produktinformationen
- Übersicht über die verschiedenen Unterbereiche und Funktionen
- Kategorieübersicht: der erste Kontakt mit dem Produkt
- Lange Produktlisten gliedern
- Sortier- und Filtermöglichkeiten

Produktinformationen: *Gut informiert zum Käufer werden*

Die Produktinformationen sind für den Kaufabschluss entscheidend, weil sich ein Kunde auf den Detailseiten für oder gegen das Produkt entscheidet. Gute Informationen minimieren zudem die Retourenquote.

- Für Kunden wichtige Produktdetails kommunizieren
- Einzigartigkeit des Produkts und Vorteile gegenüber anderen Produkten verdeutlichen
- Einheitliche Darstellung der Produktinformationen, verständliche Texte
- Wichtige Produktdetails auf den ersten Blick sichtbar machen und eventuell hervorheben
- Ausführliche Produktbeschreibungen
- Hinweise auf ergänzende Produkte
- Verfügbarkeit angeben
- Produktabbildungen: verschiedene Perspektiven, Details, Zoom, Videos, Animationen wie etwas funktioniert, 360°-Ansichten

Warenkorb: *Letzte Entscheidung*

Der Warenkorb steht zwischen dem Auswahl- und dem Bestellprozess. Der Kunde kontrolliert hier ein letztes Mal die Zusammenstellung seiner gewählten Produkte.

- Von jeder Seite des Webshops erreichbar
- Ändern und Löschen von Artikeln
- Kurzinformationen über Art und Anzahl der ausgewählten Artikel
- Artikelbild neben Produktinformationen
- Link zur ausführlichen Produktinformationsseite
- Verfügbarkeit bzw. Lieferzeit
- Transparente Kostenaufstellung: Preis jedes einzelnen Produkts, Versandkosten, Steuern, mögliche weitere Kosten, Gesamtsumme
- Einfaches Hinzufügen von Artikeln
- Rückmeldung über Änderungen des Warenkorbs
- Schaltflächen „Zurück zum Shop" und „Zur Kasse"
- Dezente Werbung für passende Produkte

„Zur Kasse": *Nun wird es ernst*

Der Bestellprozess ist ein sensibler Vorgang, denn hier zeigt sich, ob der Konsument Vertrauen zu dem Händler hat: Es geht schließlich um sein Geld und um sensible Daten. Daher sollte der Kunde zunächst einen Überblick bekommen, wie der Bestellvorgang abläuft, und während des gesamten Prozesses die bereits getätigten und noch ausstehenden Schritte angezeigt bekommen.

- Bestellprozess: Statusanzeige im oberen Bereich der Seite
- Wahl zwischen Gastzugang und Kundenkonto erstellen
- Verschiedene Zahlungsmöglichkeiten

- Klar gestaltete Formulare
- Pflichtfelder hervorheben
- Erklärungswürdige Felder kurz erläutern
- Fehlerbehebung durch Tipps, wie es richtig geht
- Zusammenfassung der Bestellung vor dem letzten Klick („Bestellung abschicken")

Hat der Kunde den entscheidenden Kaufklick gemacht, muss eine Bestellbestätigung erscheinen, die der Käufer sich ausdrucken kann. Außerdem bekommt er die Bestellbestätigung noch einmal per Mail. Sie sollte folgende Daten enthalten: Bestellnummer, bestellte Artikel, Einzel- und Gesamtpreis, Versandkosten, eventuelle weitere Kosten, Lieferadresse, Rechnungsadresse, Zahlungsmethode, voraussichtlicher Liefertermin und die Telefonnummer des Kundenservices.

Produktvideos

Ein Bild sagt bekanntlich mehr als tausend Worte. Also müssten viele bewegte Bilder theoretisch wahre Wunder bewirken. Und in der Tat können Videos die Produkte **lebensnah präsentieren**: Der Kunde sieht, wie ein Pullover fällt oder die Gartenschere richtig benutzt wird. Auf der anderen Seite ist der Aufwand, Videos anzubieten und einzubinden auch sehr groß. Zunächst muss der Händler festlegen, ob er die **Videodatenbank** selbst betreut, eine **Videoplattform** nutzt oder einen **Dienstleister** beauftragt. Wer das sogenannte Hosting selbst übernehmen will, muss über entsprechendes technisches Wissen und die notwendigen Ressourcen verfügen. Für die meisten Onlineshops kann deshalb die bessere Lösung sein, einen Dienstleister zu beauftragen oder eine Videoplattform zu nutzen, bei denen beispielsweise eine entsprechende Bandbreite vorhanden ist – die ruckelfreie Übertragung ist auf der eigenen Website angesichts der Datenmengen nicht unbedingt gewährleistet, und kein Kunde möchte ein Produktvideo erst einmal minutenlang buffern lassen.

Der Vorteil von Plattformen wie beispielsweise YouTube liegt auf der Hand: Hier können Videos relativ einfach hochgeladen werden, und auch die Einbettung des

Videos in den eigenen Internetauftritt ist mittels weniger Mausklicks schnell erledigt. Der Nachteil ist, dass es relativ wenig Analysemöglichkeiten gibt, ob das Video also beispielsweise zur Kaufentscheidung des Kunden beigetragen hat oder nicht. Da das Video nicht nur auf der eigenen Website angesehen werden kann, sondern auch auf der jeweiligen Plattform selbst, ist es wichtig, den Shop in der Videobeschreibung und gegebenenfalls auch im Video selbst zu nennen und zu **verlinken**.

Achtung: Sie möchten mit Ihrem Video sicherlich keine Werbung für Ihre Konkurrenten machen. Das kann aber schnell passieren, da dem Nutzer am Ende Ihres Videos andere Filme mit den gleichen **Schlagworten und Tags** angezeigt werden – möglicherweise Produktvideos Ihres stärksten Mitbewerbers. Das können Sie aber beispielsweise bei YouTube ganz einfach vermeiden, indem Sie beim Hochladen darauf achten, das Häkchen bei „Nach Ende des Videos vorgeschlagene Videos anzeigen" zu entfernen.

Klein, aber oho: Mobile Benutzerfreundlichkeit

Mobile Commerce hört sich gut an, muss aber auch gut gemacht sein, um die Kunden zu begeistern. Da Smartphone & Co. inzwischen selbstverständlich sind, erwarten die Nutzer im Hinblick auf Geschwindigkeit und Bedienungsfreundlichkeit des mobilen Shops **das gleiche Einkaufserlebnis** wie am „großen" Computer. Selbst wenn der Kunde hinterher in Ruhe zu Hause bestellt, sollte der Händler darauf vorbereitet sein, dass er sich vorher schon mobil informiert.

Grundsätzlich sollte der Webshop für die drei Mobile-Betriebssysteme HTML5, iOS (Apple) und Android konzipiert sein und über ein sogenanntes **„Responsive Webdesign"** verfügen. Das bedeutet, dass sich die angezeigten Elemente an die unterschiedlichen Displaygrößen der verschiedenen mobilen Geräte anpassen. Da auch die Ladegeschwindigkeit eine Rolle spielt – länger als fünf Sekunden warten die meisten Smartphone-Nutzer nicht, bis sich die Seite aufgebaut hat –, ist es von Vorteil, wenn der mobile Shop auf einem leistungsfähigen Server liegt, der die mobilen Geräte entlastet.

Während Tablet-PCs noch einen vergleichsweise großen Bildschirm haben und inzwischen für viele Konsumenten eine bequeme Alternative zum stationären PC sind, werden Smartphones anders genutzt: Auf Mobiltelefonen sind die Einkäufe

kurz und gezielt, komplexe Tastatureingaben nerven die Kunden und führen häufig zum Abbruch des Bestellprozesses. Ein Grund sind zum Beispiel die **langen Registrierungsprozesse**: Während Bestandskunden meist nur zwei Felder ausfüllen müssen – ihre Daten sind ja bereits beim Händler hinterlegt –, müssen Neukunden sich umständlich durch die Anmeldung quälen, was auf dem kleinen Display mit seiner kleinen Tatstatur sehr langwierig werden kann. Dieses Problem können Händler durch sogenannte **Wallet-Lösungen** von Zahlungsdienstleistern beheben: Die Zahlung des Kaufs findet über die externe Seite eines Wallet-Dienstleisters wie beispielsweise PayPal statt, bei dem der Nutzer vorher einmalig alle für einen Kauf notwendigen Daten hinterlegt hat.

Die **Navigationsstruktur** muss auch und gerade bei mobilen Geräten klar und übersichtlich und die Handhabung besonders einfach sein. Der Kunde sollte die Filteroptionen wie auch die verfügbaren Varianten eines Artikels sofort erkennen. Zudem ist der Händler gut beraten, auch mobil die von großen Bildschirmen „gelernten" Elemente wie Verfügbarkeitsanzeige, Kundenbewertungen und Merkzettel einzubinden. Wenn der mobile Shop über Produktbilder mit Zoom-Modus verfügt, ist es nutzerfreundlich, wenn der Kunde weitere Produktansichten unterhalb des Zoom-Bildes anklicken kann.

Marktplätze: Gemeinsam verkaufen

Rund eine halbe Million Händler generiert Statistiken zufolge gut die Hälfte des gesamten deutschen Versandhandelsumsatzes über Onlinemarktplätze. Der Verkauf über die virtuellen Plattformen hat seine Vorteile: Die **Online-Einstiegshürde sinkt**, denn ein Händler kann erst einmal sehen, wie E-Commerce funktioniert, und über einen oder mehrere Marktplätze testen, was an einer Onlinebestellung alles dranhängt, ohne selbst einen Webshop betreiben zu müssen. Denn in aller Regel übernehmen die Marktplatzbetreiber einen Großteil des komplexen Internetverkaufs, wie etwa die Zahlungsabwicklung, und bieten den Händlern einfache Werkzeuge beispielsweise für Marketingaktionen. Auch sind zunächst **keine hohen Investitionen** notwendig, weil der Händler die Infrastruktur des Marktplatzes nutzen kann. So hat der Verkäufer beispielsweise in aller Regel nichts mit der **Rechtsicherheit** zu tun, weil die Marktplatzbetreiber die Allgemeinen Geschäftsbedingungen und andere für Onlinehändler rechtlich relevanten Dokumente aktualisieren.

Die Bekanntheit und Reichweite von großen Plattformen wie eBay und Amazon hat also viele Vorteile, aber auch einige Nachteile. Manche Händler fühlen sich von den Marktplatzanbietern gegängelt, weil sie sich den jeweils geltenden **Regeln und Gebühren** unterwerfen müssen. Zudem ist der Verkäufer je nachdem, welche Produkte er verkauft, nur **einer unter vielen**: Die Alleinstellungsmerkmale lassen sich auf einer Plattform nicht so gut herausarbeiten, sodass der „Wettbewerb" meist auf einen Preiskampf mit den anderen Anbietern hinausläuft. Die wiederum können problemlos die Preise und zum Teil auch die Verkaufszahlen ihrer Mitbewerber einsehen, auswerten und für eigene Zwecke nutzen. Um sich von der Masse dennoch abzuheben ist es ratsam, über Marktplätze Eigenmarkenprodukte anzubieten oder Artikel zu Sets zu kombinieren, für die es auf dem Marktplatz keine Alternative gibt. Last but not least werden auch die Markenhersteller von den Marktplatzbetreibern umworben, sodass der Händler in der virtuellen Welt noch mehr Konkurrenz hat.

Es gibt neben diesen Big Playern aber auch eine Reihe anderer Marktplätze – je nach Branche kann es oft sogar sinnvoller sein, seine Produkte über **alternative Plattformen** zu verkaufen. Kleinere Händler, die besondere Dinge anbieten, können sich zudem auch zusammentun und ihre Produkte in eigenen kleinen Shops auf spezialisierten Internetplattformen anbieten.

Grundsätzlich gilt: Mit allzu vielen neuen Kunden, die ihm fortan treu sind, sollte der Händler nicht rechnen, wenn er über eine Onlineplattform verkauft. Aber als Einstieg und zusätzlicher Vertriebskanal kann ein Marktplatz durchaus sinnvoll sein.

Amazon.de

Händler können auf der Amazon-Verkaufsplattform „Marketplace", die in den „normalen" Amazon-Webshop eingebunden ist, gegen die Zahlung einer **Provision** Ware verkaufen und sogar die Abwicklung der Bestellung inklusive Versand der Ware an die Amazon Logistik GmbH auslagern. Über den Webshop erreicht der Verkäufer mehrere Millionen Kunden in Europa.

Zunächst scheint es widersinnig, dass sich der weltgrößte Onlinehändler andere Verkäufer und somit Konkurrenz in den Shop holt. Ist es aber nicht: Der Kunde soll alle Artikel über Amazon bekommen und zwar möglichst zum besten Preis. Um das **bequemste Einkaufserlebnis** und den **besten Service** für den Kunden zu schaffen ist es logisch, auch als Marktplatzbetreiber aktiv zu werden, zumal Amazon inzwischen auch Händlern viele Dienstleistungen rund um den Onlineverkauf anbietet.

Allerdings profitiert der Onlineriese auch beispielsweise von den Produktbeschreibungen und Produktfotos, die die externen Händler mit einigem Aufwand erstellen. Denn gekauft wird im Netz nur, was gut beschrieben und abgebildet ist, und der Marktplatzbetreiber pflegt die Fotos und Beschreibungen „seiner" Händler in seine eigene Datenbank ein.

Zudem erfährt das datenbesessene Internetunternehmen jeden Tag, was die Besucher des Webshops interessiert, was sie anklicken, auf die Wunschliste setzen und kaufen. Somit weiß Amazon, wie die Kunden von heute leben, wie sie leben möchten und wer sie sind. Diese Daten sind im Internetzeitalter wertvoller als der einzelne Kaufabschluss.

Diese Sammlung wertet Amazon auch aus: Wenn ein Händler beispielsweise auf dem Marktplatz Fahrradlampen einer bestimmten Marke verkauft und sich diese als Verkaufsschlager entpuppen, nimmt Amazon diese Produkte selbst ins Programm und bietet sie im Zweifel günstiger an. Es gilt als offenes Geheimnis, dass das Internetunternehmen zudem mit größeren Herstellern über Amazon-eigene Produktlinien verhandelt.

Bis 2013 hatte der Marktplatzbetreiber von den Händlern verlangt, auf Amazon stets den günstigsten Preis anzubieten. Selbst in seinem eigenen Webshop durfte der Marketplace-Verkäufer den jeweiligen Artikel nicht günstiger anbieten. Allerdings sah das Kartellamt diese Preisvorgaben an die eigenen Wettbewerber als unter keinen Umständen zu rechtfertigende Einschränkung an, sodass das Unternehmen auf Druck der Behörde auf seine Bestpreisklausel für Handelspartner verzichtet hat.

Amazon wirbt, dass sich der Verkauf über den Marktplatz für all jene Händler lohne, die mehr als 40 Artikel im Monat verkaufen. Neben einer **monatlichen Grundgebühr** in Höhe von 39 Euro zahlt der Händler für jeden Verkauf eine **kategorienabhängige Gebühr**.

Für Medienprodukte (Bücher, Musik, Video, DVD, Software und Videospiele) erhebt Amazon eine **prozentuale Verkaufsgebühr**, die anhand des Artikelpreises berechnet wird. Dieser entspricht der bezahlten Gesamtsumme einschließlich aller anfallenden Steuern und Zollabgaben, jedoch werden die Versandkosten nicht miteingerechnet. Dafür kommt aber eine **variable Abschlussgebühr** hinzu (siehe Tabelle 2: „Variable Abschlussgebühr“ auf Seite 55), welche von der Kategorie und dem Lieferziel des Produkts abhängt und zusätzlich zur Verkaufsgebühr erhoben wird, da Amazon keine Provision auf Versandgebühren berechnet.

Für andere Produkte als Medien erhebt Amazon eine von der jeweiligen Kategorie **abhängige Verkaufsgebühr**, die prozentual aus dem Gesamtverkaufspreis berechnet wird, mindestens aber die festgelegte Mindestverkaufsgebühr pro Artikel beträgt. Der Gesamtverkaufspreis ist hier der Gesamtbetrag, den der Käufer bezahlt, also Artikelpreis plus Kosten für Versand und/oder Geschenkverpackung.

30 Prozent
der 100 größten Onlineshops in Deutschland verkaufen über Amazon-Marketplace.
Quelle: Kiesewetter, Shopsysteme in Deutschland 2015 (2015).

Tabelle 1: Gebührenmodell von Amazon

Kategorien	Verkaufsgebühr	Gültige Mindestverkaufsgebühr pro Artikel
Auto & Motorrad	15 %	0,50 €
Baumarkt	12 %	0,50 €
Bier & Wein[1]	15 %	–
Bücher, Musik, VHS, DVD	15 %	–
Computer	7 %	0,50 €
Computer-Zubehör[1]	12 %	0,50 €
Elektronik	7 %	0,50 €
Elektronik-Zubehör[1]	12 %	0,50 €
Elektro-Großgeräte	7 %	0,50 €
Fahrräder	10 %	0,50 €
Lebensmittel[1]	15 %	–
Musikinstrumente & DJ-Equipment	12 %	0,50 €
Reifen	10 %	0,50 €
Schmuck[1]	20 %	1,50 €
Software, Videospiele	15 %	–
Spirituosen[1]	15 %	–
Sport & Freizeit	15 %	0,50 €
Uhren[1]	15 %	1,50 €
Videospielkonsolen	8 %	–
Zubehör für Amazon-Geräte	45 %	0,50 €
Alles andere	15 %	0,50 €

1 Der Verkauf in diesen Produktkategorien muss zunächst von Amazon.de genehmigt werden

Quelle: Amazon (http://services.amazon.de/programme/online-verkaufen/preisgestaltung-pro.html), Stand Mai 2015.

Tabelle 2: Variable Abschlussgebühr (Medien)

Kategorie	Variable Abschlussgebühr (ohne Umsatzsteuer)				
	Deutschland Standardversand	Deutschland Expressversand	EU, Schweiz, Liechtenstein	Übriges Europa	Andere Länder weltweit
Bücher	1,01 €	2,03 €	1,01 €	6,86 €	3,23 €
Musik	1,01 €	2,03 €	1,91 €	7,91 €	5,82 €
Videos (VHS)	1,01 €	2,03 €	1,86 €	6,86 €	3,23 €
DVDs	1,01 €	2,03 €	1,91 €	8,91 €	7,32 €

Quelle: Amazon (http://services.amazon.de/programme/online-verkaufen/preisgestaltung-pro.html), Stand Mai 2015.

eBay.de

Die deutsche Tochter des als Auktionshaus gestarteten amerikanischen Marktplatzes wurde 1999 in Berlin gegründet. In den Anfangsjahren wechselten bei eBay die Produkte vor allem über Onlineauktionen den Besitzer und der Schwerpunkt lag auf dem Handel gebrauchter Gegenstände von privat zu privat. Heute ist eBay längst **kein reines Auktionshaus mehr**. Zwar wechseln noch immer gebrauchte (bisweilen kuriose) Artikel in Auktionen den Besitzer. Aber die meisten verkauften Artikel sind heute Neuware und werden zu Festpreisen angeboten.

Inzwischen hat eBay hierzulande mehr als 16,5 Millionen aktive Nutzer, 5,4 Millionen private Verkäufer sowie rund 175 000 gewerbliche Händler und mehr als 100 Markenhersteller, die jederzeit gut 70 Millionen Artikel anbieten. Anders als Amazon ist eBay kein Händler, sondern bietet lediglich eine **Verkaufsplattform** für andere Verkäufer. Der Onlinemarktplatz ist zudem eigenen Angaben zufolge führend im Mobile Commerce.

Der Marktplatzbetreiber erhebt eine nicht erstattungsfähige **Angebotsgebühr** für jeden Artikel. Die Angebotsgebühr für Auktionen beträgt 35 Cent unabhängig vom Startpreis, für Festpreisangebote werden je nach Kategorie zwischen 0 und 35 Cent fällig. Gewerbliche eBay-Verkäufer ohne eigenen eBay-Shop können 40 Festpreisangebote pro Monat kostenlos einstellen, „Basis-Shop"-Abonnenten 400, „Top-Shop"-Abonnenten 2 500 und „Premium-Shop"-Abonnenten unbegrenzt viele. Die Angebotsgebühr wird fällig, wenn der Verkäufer den Artikel einstellt, und ist unabhängig davon, ob der Artikel verkauft wird oder nicht.

Wird der Artikel verkauft, fällt zusätzlich eine **Verkaufsprovision** an. Diese beträgt für gewerbliche Verkäufer im Allgemeinen 7,83 Prozent (netto) vom Verkaufspreis. Allerdings fällt die Provision je nach Kategorie auch manchmal niedriger oder höher aus. Bei Uhren und Schmuck beispielsweise liegt sie bei 10,43 Prozent, bei Spielzeug, Gartenartikeln und Kleidung bei 9,57 Prozent. Für Fernsehgeräte, Computer, Handys und Haushaltsgeräten werden 5,22 Prozent Provision fällig.

Tabelle 3: Gebühren für Festpreisangebote

Typ	Kostenlose Festpreisangebote pro Monat	Alle Kategorien	Ausnahmen für Medienkategorien (Filme & DVDs, Musik, PC & Videospiel) und Tickets
ohne eBay-Shop	40	EUR 0,35	EUR 0,15
Basis-Shop	400	EUR 0,10	EUR 0,05
Top-Shop	2 500	EUR 0,05	EUR 0,02
Premium-Shop	unbegrenzt	Kostenlos	Kostenlos

Quelle: eBay (http://verkaeuferportal.ebay.de/gebuehren-fuer-gewerbliche-verkaeufer#17716anchor1)
Stand Mai 2015. Für das laufende Jahr 2015 sind Änderungen geplant.

Tabelle 4: Gebühren für Shop-Abonnements

eBay-Shop	Monatliche Gebühr	Monatliche Gebühr bei Jahresabo	Gesamtpreis eines Jahresabos
Basis-Shop	EUR 29,95	EUR 24,95	EUR 299,40 (statt EUR 359,40 bei Monatsabo)
Top-Shop	EUR 54,95	EUR 44,95	EUR 539,40 (statt EUR 659,40 bei Monatsabo)
Premium-Shop	EUR 254,95	EUR 209,95	EUR 2 519,40 (statt EUR 3 059,40 bei Monatsabo)

Quelle: eBay (http://verkaeuferportal.ebay.de/gebuehren-fuer-gewerbliche-verkaeufer#17716anchor1)
Stand Mai 2015. Für das laufende Jahr 2015 sind Änderungen geplant.

Drehgeschwindigkeiten bei eBay

Auf dem deutschen eBay-Marktplatz wird verkauft:

- Alle 3 Sekunden ein Ersatz- oder Reparaturteil fürs Auto
- Alle 7 Sekunden eine DVD oder Blu-ray
- Jede Minute eine Digitalkamera
- Jede Minute ein iPad, Tablet oder eBook-Reader
- Alle 3 Minuten ein Grill
- Alle 2 Minuten ein Rasenmäher
- Alle 1,5 Minuten ein Bett
- Alle 2 Minuten ein Tisch
- Alle 5 Minuten eine Bohrmaschine
- Alle 1,5 Minuten ein Akkuschrauber
- Alle 27 Sekunden eine Herrenjeans
- Alle 31 Sekunden eine Kaffee- & Espressomaschine
- Alle 21 Sekunden ein Paar Damen-Pumps
- Alle 12 Sekunden ein Kleid
- Alle 30 Sekunden ein Artikel von Playmobil
- Alle 15 Sekunden ein Lego-Spielzeug
- Alle 13 Sekunden ein Handy/Smartphone ohne Vertrag

Weitere Internetmarktplätze

Rakuten.de

Die E-Commerce-Plattform Rakuten ist ein Marktplatz mit angeschlossenem Shopsystem und hat aktuell rund 24 Millionen Produkte von mehr als 7000 Händlern im Programm. Die **Komplettlösung** eignet sich für E-Commerce-Einsteiger oder als Vertriebskanal für bestehende Onlineshops sowie als Multichannel-Lösung für den stationären Einzelhandel, wirbt der Betreiber. Rakuten übernimmt die komplette Zahlungsabwicklung, die Kundenkommunikation während des Bestellprozesses, die kontinuierliche Aktualisierung von Geschäftsbedingungen sowie die Übernahme des Risikos von Zahlungsausfällen.

Nachgefragt bei ...

Christian Macht, Deutschland-Chef bei Rakuten.de.

Herr Macht, was will das japanische Unternehmen Rakuten eigentlich in Deutschland?

Rakuten ist in Japan als klassischer Onlinemarktplatz seit 1997 sehr erfolgreich. Selbst Alibaba in China ist ein Klon von uns. Das Modell wollte unser Gründer Hiroshi Mikitani nach Europa bringen und Händlern sowie Kunden auch in Deutschland eine Alternative zu anderen großen Marktplatzbetreibern bieten. Ziel ist, möglichst so erfolgreich wie in Japan zu werden.

Gegen Konkurrenten wie eBay und Amazon haben Sie auf dem deutschen Markt doch keine Chance, oder?

Als Konkurrenz begreife ich die beiden nicht. Und sie haben meinen Respekt, denn sie machen einen guten Job. Meiner Meinung nach ist ein Händler aber gut beraten, online nicht in Entweder-Oder-Kategorien zu denken. Er sollte sich vielmehr verschiedene Plattformen anschauen und sich überlegen, welche zu ihm passt. Ob er dann unbedingt über einen Marktplatz verkaufen will, der wie Amazon selbst Händler und somit ein potenzieller Konkurrent ist, muss jeder für sich entscheiden.

Warum sollte ein Händler auch über Rakuten verkaufen?

Unser Ansatz ist es, die Verkäufer weiterzubilden und ihnen zu helfen, den Onlinehandel zu professionalisieren. Beispielsweise mit individualisierten Webshops und einem eigenen Kundenbeziehungsmanagement – wir nennen das Empowerment. Da sind wir auf einem sehr guten Weg, auch wenn wir technisch in den kommenden Jahren noch eine Schippe drauf legen wollen.

Kleidoo.de

Die kleidoo GmbH mit Hauptsitz in Hamburg ist ein **Fashion-Marktplatz** für Marken und ihre zertifizierten Modefachgeschäfte. So haben ausgewählte Luxus- und Trendmarken wie auch exklusive Boutiquen die Möglichkeit, sich auf kleidoo.de individuell zu präsentieren und Emotionen erlebbar zu machen, heißt es. Der Portalbetreiber bietet unter anderem **Dienstleistungen** wie die Produktfoto-Produktion in den Kleidoo-Studios, Marketing und Public Relations sowie Suchmaschinenoptimierung (SEO) an, die den Verkauf steigern sollen. Bei Bedarf übernimmt kleidoo auch den gesamten Vertriebsprozess. Das Portal will gemeinsam mit den Händlern und Markenherstellern die Stärken des Offline-Shoppens online erlebbar machen und stetig weiterentwickeln.

DaWanda.de

Auf DaWanda, dem **Onlinemarktplatz für Selbstgemachtes**, finden Liebhaber von Unikaten rund fünf Millionen Produkte, die sie direkt von den jeweiligen Herstellern erwerben können. Die Plattform hat inzwischen 5,2 Millionen Mitglieder und 20 Millionen Besucher im Monat. Das Angebot der rund 300 000 DaWanda-Shops reicht von Mode, Schmuck und Spielzeug über Graffiti-Kunst und restaurierte Möbelstücke bis hin zum Luxushalsband für den Hund. DaWanda gibt den Händlern zudem eine Reihe von „Werbewerkzeugen" an die Hand.

Epelia.com

Epelia versteht sich als ein Onlinemarktplatz für in Handarbeit nach Familienrezept hergestellte Delikatessen mit **Tradition anstelle von Massenproduktion**. Dort haben sich rund 150 Produzenten, Manufakturen und Direktimporteure aus aller Welt zusammengeschlossen, die etwa 1500 verschiedene Produkte anbieten. Der Kunde legt die Artikel unterschiedlicher Produzenten in einen **zentralen Warenkorb** und zahlt alles zusammen. Zudem können beispielsweise Anbieter, die gemeinsam auf einem Wochenmarkt stehen, eine **regionale „Versandzelle“** eröffnen. Kunden zahlen bei solchen Bestellungen nur einmal Versandgebühren und sehen die Angebote des nächstgelegenen Wochenmarktes.

Allyouneed.com

Allyouneed hieß bis Anfang 2015 Meinpaket und ist der Marktplatz des Logistikdienstleisters DHL. 3000 Händler bieten auf dem **Einkaufsportal** rund 15 Millionen Produkte an. 3,5 Millionen Konsumenten haben sich inzwischen registriert. Händler können ihren **Shop personalisieren**, Vorgaben für die Preis- und Angebotsgestaltung gibt es nicht. Meinpaket hat mit „Postpay“ eine eigene Kaufabwicklungsfunktion mit verschiedenen Zahlungsmethoden, einem Schutz vor Zahlungsausfall sowie die Adress- und Bonitätsprüfung der Kunden.

Hitmeister.de

Das TÜV-zertifizierte **„Internetkaufhaus“**, wie sich Hitmeister selbst nennt, bietet den mehr als 1,5 Millionen Kunden gut 13,4 Millionen Produkte an. Der Marktplatzbetreiber übernimmt die Zahlungsabwicklung und hat mehrere Millionen Produktdaten in der Datenbank. Jeder Versandpartner hat einen **persönlichen Ansprechpartner**, der per E-Mail und Telefon an sieben Tagen in der Woche erreichbar ist, verspricht Hitmeister.

Yatego.com

Die **Online-Shoppingmall** Yatego hat mehr als 3,4 Millionen Besucher monatlich. Konsumenten können aus gut fünf Millionen Produkten von gut 7000 Einzelhändlern mit rund 10000 Onlineshops wählen. In die Shoptechnik sind verschiedene Zahlungsarten integriert wie auch der Rechnungsversand per E-Mail. Bezahlvorgänge sichert der Marktplatzbetreiber durch ein unabhängiges Treuhandsystem, PayPal sowie Kreditkartenzahlungen ab.

Hood.de

Gestartet im Jahr 2000 bieten inzwischen mehr als 10 000 Verkäufer auf Hood.de mehr als vier Millionen Angebote täglich in rund 20 000 Kategorien an. Die Mitgliederzahl beziffert der **Marktplatz- und Auktionshausbetreiber** auf gut 1,5 Millionen, die Zahl der monatlichen Besucher auf drei Millionen. Händler können auf dem Marktplatz einen eigenen „Hood-Shop“ eröffnen, der Betreiber bietet hierzu verschiedene technische Lösungen an. Hood berechnet für das Anbieten eines Artikels **keine Einstell- oder Grundgebühren**, sondern für gewerbliche Verkäufe eine **Verkaufsprovision**, die sich nach gebuchtem Shoppaket und Kategorienwahl richtet.

Sugartrends.com

Unter dem Motto „Finde besondere Produkte aus kleinen Geschäften“ können über Sugartrends **Inhaber kleiner Läden** Lifestyleprodukte aus den Kategorien Mode, Schmuck, Einrichtung, Feinkost, Fun, Kunst und Geschenke verkaufen. Inzwischen bieten über die 2014 gegründete Boutiquenplattform Händler aus rund 35 Städten und insgesamt 18 Ländern ihre ausgesuchten Waren an.

Genialokal.de

Genialokal ist der gemeinsame Webshop der eBuch Genossenschaft in Zusammenarbeit mit Libri, der das Angebot von rund 600 lokalen Buchhandlungen bündelt. In der Mobilversion des **Marktplatzes für Buchhändler** sind rund 700 Buchhandlungen in ganz Deutschland mit Kontaktdaten, Öffnungszeiten und Beständen gelistet.

Best Practice
Der Marktplatz von nebenan: Das Beispiel Wuppertal

Ein lokaler Marktplatz im Internet kann vor allem kleineren Läden neue Verkaufschancen in alle Welt eröffnen und ganz nebenbei deren Bekanntheitsgrad steigern. Im November 2014 ist zum Beispiel die Wirtschaftsförderung im Rahmen des Projektes Online City Wuppertal mit 25 Händlern an den Start gegangen, auf dem Konsumenten selbst bei kleinen Läden verfügbare Produkte abfragen und sich entscheiden können, ob sie sich die Produkte abholen oder bringen lassen. Händler zahlen hier pro Bestellung eine Gebühr in Höhe von acht Prozent des Nettopreises, Kunden pro Lieferung 5,95 Euro. Diese wird teilweise von den Händlern subventioniert. Vertragspartner der Händler ist der externe Plattformanbieter Atalanda, der den lokalen Marktplatz betreibt und sich um die Zahlungsabwicklung und die Logistik für die taggleiche Lieferung kümmert. Die Abrechnung mit den Händlern erfolgt einmal monatlich. Anfang 2015 hatten sich fast 50 Läden dem virtuellen Marktplatz angeschlossen, die Schulungen für den lokalen Einzelhandel werden rege besucht, heißt es.

Dass das lokale Geschäft lukrativ sein könnte, zeigt das Interesse der Internetgrößen: In den USA vermittelt Amazon bereits lokale Handwerker, und „eBay Now" zeigt Kunden bei der Produktsuche, wo sie beispielsweise den gewünschten Tablet-PC in der Nähe kaufen können.

Markenhersteller und Marktplätze

Viele Markenhersteller taten sich lange Zeit schwer damit, Händler zu beliefern, die ihre Artikel über Marktplätze verkaufen. Die Produzenten wollen ihre Vertriebsstandards kontrollieren, imageschädlichen Preiskampf unterbinden und gewährleisten, dass die Markenprodukte „wertig" dargestellt werden und der Kunde ordentlich beraten wird. Doch Gerichte und das Kartellamt haben dieses sogenannte **selektive Vertriebssystem** regelmäßig ausgebremst – unter anderem sind Deuter, Scout-Schulranzen, Casio Europe und Asics mit ihren Lieferstopps unterlegen.

Und so ändert sich langsam die Einstellung von Markenherstellern gegenüber eBay & Co. Der französische Luxusgüterkonzern LVMH hat beispielsweise Mitte 2014 die Rechtsstreitigkeiten mit eBay beigelegt und eine Zusammenarbeit mit dem Marktplatzbetreiber angekündigt, bei der die gewerblichen **Schutz- und Urheberrechte** geschützt und Fälschungen im Onlinehandel bekämpft werden sollen. Auch Adidas hat seine Vertriebsbedingungen kartellrechtskonform geändert und lässt nun den Verkauf der Sportbekleidung auf offenen Marktplätzen zu. Der deutsche Sportmodehersteller argumentiert nun, dass ein offener Marktplatz die qualitativen Kriterien von Adidas für die Markenpräsentation erfüllen kann und deshalb nicht länger als Vertriebsweg für die Produkte des Unternehmens ausgeschlossen sei. Mit den Kosmetikherstellern L'Oréal und Coty hat eBay seine Rechtsstreitigkeiten ebenfalls beigelegt.

Im Rahmen des Programms **„Autorisierte Händler"** haben zudem Hersteller auf dem Marktplatz Verkäufer benannt, die für den Vertrieb ihrer Produkte autorisiert sind und das Markenlogo in die Artikelseite einbinden dürfen. Darunter sind beispielsweise Nokia, Acer, Bauknecht, Blaupunkt und Medion. Darüber hinaus haben inzwischen einige Produzenten eigene Markenwelten bei eBay.de eröffnet, darunter Nokia, Sony mobile, Medion und Blaupunkt. Dabei können sich die Unternehmen präsentieren, ohne selbst als Verkäufer tätig zu werden, und **ausgewählte Händler** nennen, die aktuell bei eBay ihre Produkte anbieten. Viele Hersteller betreiben zudem eigene „Markenshops" bei eBay, unter anderem Buffalo, Schiesser, Triumph, Napapijri, Wrangler, Mey, Seidensticker und Gerry Weber.

Weitere Marktplätze finden Sie unter folgendem Link:

www.derhandel.de/PraxisfuehrerE-Commerce

Zahlung: Zur Kasse, bitte

Die Konsumenten sind anspruchsvoll geworden: Vorbei sind die Zeiten, als Internetkäufer einfach Geld an ihnen völlig unbekannte Händler überwiesen und darauf vertrauten, dass dieser das Produkt schon zu ihnen schicken wird. Der heutige Internetkunde will sicher sein, dass der Händler seriös ist, und nicht mehr unbedingt in Vorkasse treten. Wenn die von ihm bevorzugte Zahlungsart fehlt, verlässt er den Shop eventuell sogleich wieder und sucht sich lieber einen anderen Händler, der die von ihm **bevorzugte Zahlungsart** anbietet.

Der Onlinehändler wiederum kennt seine Kunden nicht persönlich und kann dementsprechend schlecht abschätzen, ob er sein Geld bekommt. Also muss er die Balance zwischen **Kundenfreundlichkeit** auf der einen und **Geldeingang** auf der anderen Seite finden. Grundsätzlich gilt: Das Angebot von mehreren Zahlungsmitteln bedeutet für den Händler mehr Umsatz – aber nur, wenn er die Risiken des Zahlungsausfalls minimiert, auch tatsächlich mehr Gewinn.

Ein Händler sollte also seine internen Informationen über den Kunden mit externen Informationen wie Adress- und Bonitätsprüfungen, Sperrdateien und Kreditkarteninformationen kombinieren, um **Zahlungsausfälle** zu vermeiden. Wichtig ist grundsätzlich, dass der Händler über vollständige und sichere Daten verfügt, um den Kunden eindeutig identifizieren zu können. Schon kleinere Variationen in der Schreibweise können dazu führen, dass ein bereits als zahlungsunfähig oder -unwillig aufgefallener Kunde nicht erkannt und trotzdem beliefert wird.

So verständlich das Interesse der Händler auch ist, möglichst viele Informationen über den „Distanzkunden" zu sammeln, muss er doch rechtlich mit seinem Shop auf der sicheren Seite sein: Der Gesetzgeber hat den Onlinehandel mit Verbrauchern durch zahlreiche Bestimmungen reguliert. Außerdem muss der Händler dem **Sicherheitsbewusstsein** seiner Kunden Rechnung tragen: Viele Onlinekunden sind misstrauisch, was mit ihren persönlichen Daten auf dem elektronischen Weg passiert.

Bei der Wahl der Zahlungsarten gilt es also, die Vor- und Nachteile, die für den Händler selbst entstehen, mit den Vor- und Nachteilen und den Wünschen der Kunden abzuwägen.

Zahlungssysteme

Im stationären Handel ist das Bezahlen recht übersichtlich: Die meisten Kunden zahlen bar, mit Karte oder per Lastschrift. Doch online gibt es inzwischen verschiedenste Zahlsysteme, beispielsweise den Kauf auf Rechnung, Vorkasse, Nachnahme, Lastschrift und Kreditkarte sowie spezielle Online-Zahlsysteme, sogenannte E-Payment-Verfahren. Darüber hinaus gibt es inzwischen Lösungen, die ein Multichannel-Händler auch im stationären Geschäft anbieten kann, sodass der Kunde beispielsweise per Smartphone zahlt. Der Onlinehändler sollte bei der Wahl der Systeme, die er einbindet, immer darauf achten, wie hoch die Gebühren sind, welche Kosten bei ihm je nach Zahlungsart anfallen und zu welchem Zeitpunkt ihm das Geld gutgeschrieben wird.

Umsatz steigern mit kundenfreundlichen Zahlverfahren

Fehlt ein bestimmtes Zahlungsverfahren, kann das zu Kaufabbrüchen führen: Fast jeder siebte Onlinekunde (15 Prozent) bricht den Kauf während des Zahlungsvorgangs ab, hat das E-Commerce-Center (ECC) Köln in einer Händlerumfrage herausgefunden. Ist das vom Kunden bevorzugte Zahlungsverfahren hingegen vorhanden, locken Umsatzsteigerungen. Demnach können Onlinehändler vor allem bei der Einführung von PayPal und Amazon Payments mit besseren Erlösen rechnen: Rund 76 Prozent beziehungsweise 65 Prozent der befragten Onlinehändler registrierten nach der Einführung dieser Zahlungsverfahren einen Umsatzanstieg. Auch eine Integration der Verfahren Prepaid-Karte (58,1 Prozent), Kreditkarte (57,9 Prozent), Kauf auf Rechnung (56,6 Prozent) oder Sofort-Überweisung (33,1 Prozent) haben bei den befragten Händlern die Umsätze um elf Prozent oder mehr ansteigen lassen.

Quelle: Klees/Krüger/Eckstein: Payment im E-Commerce (2014).

Kauf auf Rechnung

Der Kauf auf Rechnung, bei der der Kunde nach Erhalt der Lieferung zahlt, ist ein **Klassiker** im deutschen Versandhandel und somit bei den meisten Kunden akzeptiert und beliebt. Laut EHI Retail Institute Rund machen Bestellungen, bei denen der Händler für den Kunden in Vorleistung geht und der sein Produkt erhält, bevor er bezahlt, rund ein Viertel des Umsatzes von Onlinebestellungen aus. Die Zahlungsfrist beträgt meist zwischen 14 und 30 Tagen.

Für den Händler entstehen zwar außer der **vorherigen Bonitätsprüfung** keine größeren Kosten oder Gebühren, wenn der Kunde das Geld auf das angegebene Händlerkonto überweist; allerdings muss der Händler Kosten für die **Bearbeitung des Rechnungskaufs** einrechnen, etwa die Arbeitszeit, die dafür verwendet wird, den Zahlungseingang mit den offenen Posten zu vergleichen oder bei Unklarheiten nachzuhaken. Und: Zahlt der Kunde gar nicht, kommt den Verkäufer das **Mahnwesen** noch teuer zu stehen. Darüber hinaus berichten Händler, dass die Kunden, die per Rechnung zahlen wollen, mehr Ware zurückschicken und es somit bei dieser Zahlungsart zu einer **höheren Retourenquote** kommt.

Es gibt inzwischen einige Anbieter, die den Kauf auf Rechnung für den Händler abwickeln und das Risiko übernehmen. Der Verkäufer bekommt die Summe sofort gutgeschrieben, die Bonitätsprüfung, die Zahlungsabwicklung und das Forderungsmanagement leistet der jeweilige Anbieter. Manche **Rechnungskauf-Abwickler** machen das unter ihrem eigenen Markennamen, andere dezent im Hintergrund, sodass der Kunde denkt, der Händler seines Vertrauens bietet den Rechnungskauf an. Für kleine, nicht ganz so umsatzstarke und eher unbekannte Onlinehändler kann es von Vorteil sein, bei dem Kauf auf Rechnung auf eine aus anderen Shops **bekannte Marke** – wie BillSafe, BillPay, Klarna oder Paymorrow – zu setzen, denn die Onlinekunden fassen dann eher Vertrauen.

Doch umgekehrt kann es passieren, dass ein namhafter, größerer Händler, der zu einem Rechnungskauf-Markenanbieter wechselt, Kunden verliert. Denn der Kunde überweist das Geld nicht an den Verkäufer, sondern an den Rechnungskauf-Anbieter, und die Händlermarke wird verwässert, weil die Kunden mit demselben Rechnungsanbieter auch in anderen Onlineshops bezahlen können. Für Onlinehändler kann dann eine sogenannte White-Label-Lösung, wie sie beispielsweise RatePay oder Real Solution anbieten, sinnvoll sein, weil sie als eigene Marke sichtbar bleiben.

Die Abrechnungsmodelle in der noch vergleichsweise jungen Branche sind unterschiedlich. Händler zahlen beispielsweise bei Klarna eine Transaktionsgebühr, die sich aus dem Fixbetrag 1,69 Euro und 3,25 Prozent der Rechnungssumme zusammensetzt, sowie eine monatliche Grundgebühr in Höhe von 29 Euro. Bei der PayPal-Tochter BillSafe zahlt der Händler 3,99 Prozent der Rechnungssumme und 99 Cent pro Transaktion.

Anbieter im Internet (Auswahl): billpay.de, billsafe.de, klarna.de, payever.de, paymorrow.de, payprotect.de, payolution.com, real-solution.de, ratepay.com.

Ratenzahlung

Auch die Ratenzahlung von höheren Rechnungssummen ist inzwischen im Internet angekommen. Der Händler tritt seine Forderungen dabei an den (Rechnungskauf-)Anbieter ab, der das Risiko übernimmt: die Bonitätsprüfung, die Zahlungsabwicklung und das Forderungsmanagement. In Eigenregie sollte der Händler von dem Angebot, die Rechnung in Raten zu zahlen, lieber die Finger lassen, denn das **Risiko des Zahlungsausfalls** wie auch der **Bearbeitungsaufwand** sind für einen Shopbetreiber meist zu hoch. Wenn die **Dienstleister** die Ratenzahlung übernehmen, lassen sie sich das zwar gut bezahlen, aber der Händler bekommt sein Geld direkt ausgezahlt.

Kunden, die ein Konto beispielsweise bei dem Rechnungskauf-Dienstleister Klarna haben, können ihre monatlichen Onlinekäufe auf Rechnungen auch bündeln und diese in Raten zahlen. Das kostet den Händler dann zu den Gebühren für den Kauf auf Rechnung nichts extra.

PayPal

Der Onlinebezahldienst PayPal ist seit 2002 ein Unternehmen von eBay Inc., zu dem auch der Onlinemarktplatz eBay gehört. Im September 2014 hat das amerikanische Unternehmen die Trennung von eBay und PayPal in zwei unabhängige börsennotierte Unternehmen im Jahr 2015 angekündigt. Als Bank unterliegt PayPal der Regulierung durch die Luxemburger Bankaufsicht CSSF. Mehr als 15 Millionen deutsche Kunden haben ein PayPal-Konto. Weltweit ist der Zahlungsdienstleister in mehr als 200 Märkten verfügbar, sodass ein Händler also auch **Transaktionen ins Ausland** vergleichsweise unkompliziert abwickeln kann.

Sowohl der Händler als auch der Käufer richten bei PayPal ein Konto ein. Die Kunden können wählen, ob sie per Lastschrift, Kreditkarte oder aus einem Guthaben auf dem PayPal-Konto zahlen wollen und hinterlegen die entsprechenden Daten bei PayPal. Während des **Bezahlvorgangs** im Onlineshop wird der Kunde, der PayPal als Zahlungsart anklickt, zu dem Bezahldienst weitergeleitet und loggt sich dort mit seinen Kontodaten – E-Mail-Adresse und Passwort – ein. Daher können Kunden auch von unterwegs relativ einfach mit nur zwei Klicks mobil über ihr Smartphone zahlen.

PayPal bestätigt dem Kunden eine erfolgreiche Transaktion und meldet dies gleichzeitig dem Webshopbetreiber, der daraufhin den Kaufvorgang abschließen kann. Der Verkäufer bekommt den Betrag auf seinem Händlerkonto gutgeschrieben und muss es von dort auf sein „normales" Konto überweisen, um an das Geld zu gelangen.

Für den Käufer ist das Bezahlen wie auch das PayPal-Konto kostenlos. Der Verkäufer muss für das PayPal-Konto an sich ebenfalls nichts zahlen, allerdings entstehen bei jedem Geldeingang Kosten. Diese setzen sich aus einer **Grundgebühr je Transaktion** und einer **prozentualen Gebühr** zusammen. Aktuell liegen die Gebühren in Deutschland bei 1,9 Prozent des Umsatzes und 35 Eurocent je Geldeingang in Euro (Stand Frühjahr 2015). Das ist nicht wenig, aber der Zahlungsabwickler wirbt mit dem Vorteil der Liquidität: Das Geld ist in aller Regel am nächsten Tag auf dem Konto.

PayPal umwirbt Händler zudem mit einem **Verkäuferschutz**: Der Zahlungsanbieter hilft Händlern, bei bestimmten Zahlungsausfällen ihr Geld zurückzubekommen – zum Beispiel, wenn die Zahlung eines Kunden nicht eintrifft, weil dessen Kontostand nicht gedeckt ist oder er die Lieferung grundlos bemängelt. Ein weiterer Fall sind Rückbuchungen, also Fälle, in denen der Käufer eine Kreditkartenzahlung widerruft. Zudem erledigt PayPal auch die Regulierung bei unberechtigten Käuferbeschwerden.

Um diese Leistungen in Anspruch nehmen zu können, muss ein Händler allerdings recht **strenge Bedingungen** etwa beim Warenversand und der Zustelladresse erfüllen, die in der PayPal-Verkäuferschutzrichtlinie festgelegt sind. Weicht er davon ab, steht er im Falle eines Falles mit seinen Forderungen allein da. Wenn es Streit gibt, steht der Händler ohnehin fast rechtlos da, bemängeln Kritiker die rigiden Allgemeinen Geschäftsbedingungen; seine (berechtigten) Forderungen durchzusetzen sei oft schwierig und langwierig. Da während eines Streits das gesamte Guthaben auf dem Händlerkonto eingefroren wird, kann es zudem zu einem Liquiditätsengpass kommen. Verkäufer, die PayPal nutzen, sollten daher ihre eingegangenen Gelder zügig auf ihr Geschäftskonto überweisen.

Der Internet-Zahlungsdienstleister bietet inzwischen auch Lösungen für das **Bezahlen per Smartphone im stationären Handel** an: Nach dem erfolgreichen Abschluss eines Ende 2013 gestarteten Pilotprojektes können Kunden mittlerweile in mehr als 200 Cafés, Restaurants und Bars bargeldlos per PayPal-App zahlen.

Außerdem hat PayPal eine Smartphone-App, mit der Kunden per QR-Code einkaufen können. Wenn ein Multichannel-Händler beispielsweise in seinem Schaufenster ausgewählte Produkte mit QR-Codes versieht, können Kunden den zweidimensionalen Barcode mit ihrer PayPal-App scannen und somit unabhängig von den Öffnungszeiten online bestellen.

PayPal PLUS

Seit dem Frühjahr 2015 bietet der Zahlungsdienstleister PayPal vor allem für kleine und mittelständische Onlinehändler die vier beliebtesten Bezahlmethoden in einer integrierten Lösung an: Neben der eigenen PayPal-Lösung gibt es nun auch die Möglichkeit, per Lastschrift und Kreditkarte zu zahlen, im Laufe des Jahres 2015 soll der Kauf auf Rechnung hinzukommen. Das PayPal-Händlerkonto biete so einen zentralen Überblick aller eingehenden Zahlungen, sorge für eine vereinfachte Verwaltung und könne damit den zeitlichen Aufwand für den Händler deutlich reduzieren, wirbt der Anbieter. Gebühren werden demnach rein auf Transaktionsbasis erhoben, PayPal berechnet keine Einrichtungs- oder Monatsgebühren.

Für alle vier Bezahlmethoden gilt die Verkäuferschutzrichtlinie von PayPal, die Händler vor Zahlungsausfällen schützen soll. Darüber hinaus haben Händler die Möglichkeit, dieses Angebot um zusätzliche Bezahlmethoden aus dem eigenen Hause oder von Drittanbietern zu erweitern, etwa Vorkasse, Nachnahme oder andere Onlinebezahldienste.

Lastschrift

Die Zahlung per Lastschrift ist sowohl für Händler als auch für Kunden recht **bequem**. Bei der Bezahlung gibt der Kunde in einem Formularfeld seine Bankverbindung an, die der Onlinehändler dann bei seiner Bank zum Einzug des Betrags nutzt. Allerdings haben einige Kunden Bedenken, ihre Kontodaten im Internet preiszugeben.

Für den Händler ist dieses Verfahren günstig, weil ein Bankeinzug **oft kostenlos** ist. Teuer wird es allerdings für den Verkäufer, wenn es zu einer **Rücklastschrift** kommt, etwa weil der Kunde Widerspruch einlegt: Durch das SEPA-Verfahren, das den Zahlungsverkehr innerhalb der Eurozone einheitlich regelt, haben Kunden die Möglichkeit, den belasteten Betrag ohne Angabe von Gründen innerhalb von acht Wochen zurückzubuchen. Außerdem liegt dem Händler bei Internetbestellungen anders als im stationären Geschäft in der Regel **keine schriftliche Einzugsermächtigung** des Käufers vor; ohne diese kann er im Streitfall gegenüber der Bank nicht beweisen, dass der Einzug rechtmäßig ist.

Die Gebühren für eine Rücklastschrift unterscheiden sich je nach Bank, kosten aber einige Euro. Darüber hinaus fallen bei nicht gedeckten Konten oder falschen Kontodaten Stornogebühren von mehreren Euro an, die der Verkäufer tragen muss.

Vorsicht: Bei der Eingabe der Kontodaten wird die formelle Übereinstimmung der Internationalen Bankkontonummer IBAN und des Banken-Geschäftskennzeichens BIC geprüft, aber nicht, ob dieses Konto tatsächlich zu dem Besteller passt. Da man im Internet problemlos offene, stimmige Bankverbindungen findet, ist das händlerseitige Risiko groß, Betrügern aufzusitzen. Wenn der Kontoinhaber dann das Geld zurückbuchen lässt, bleibt der Onlinehändler auf den Kosten sitzen und die Ware ist auch futsch.

Um Rücklastschriften sowie generell Bonitäts- und Betrugsrisiken zu minimieren, sollte der Webshopbetreiber Sperrdateien oder **Adress- und Bonitätsprüfsysteme** nutzen und sich gegebenenfalls zusätzlich mit einem sogenannten **Payment Service Provider** absichern. Wenn er die Lastschrift mit seinen internen Daten abgleicht und nur in Zweifelsfällen oder bei Neukunden eine Auskunftsabfrage in Anspruch nimmt, wird es günstiger für ihn.

Payment Service Provider

Ein Payment Service Provider (PSP) übernimmt die Koordination und die technische Anbindung eines Onlineshops an Zahlungsdienstleister wie Banken oder Kreditkartenfirmen. Der Händler hat somit im Prinzip keinen Aufwand für die Integration und Abwicklung unterschiedlicher Zahlungsarten und kann zudem von Dienstleistungen wie Bonitätsprüfung, Risikomanagement oder Inkasso profitieren.

Kreditkarte

Im internationalen Vergleich sind die Deutschen Kreditkartenmuffel. Während in Amerika kaum etwas ohne die kleine Plastikkarte läuft, sind die Konsumenten hierzulande im stationären Handel noch sehr zurückhaltend. Online ist die Kreditkarte allerdings ein beliebtes Zahlungsmittel: Inzwischen wird mit ihr gut ein Drittel aller Einkäufe im Internet getätigt.

Der Vorteil: Der Kauf ist auch im Internetshop für den Kunden recht unkompliziert und sein Konto wird erst später belastet, sodass er diese Zahlungsmöglichkeit als **sicher und komfortabel** empfindet. Für Onlinehändler, die Waren oder Dienstleistungen ins Ausland liefern wollen, sind Kreditkarten vorteilhaft, weil sie **weltweit** eingesetzt werden.

Onlinehändler können höhere Durchschnittsumsätze erzielen, da Kreditkarteninhaber statistisch gesehen mehr Geld ausgeben – damit werben zumindest die Anbieter. Für die Abwicklung zahlt der Händler jedoch in aller Regel **höhere Gebühren** als beispielsweise bei der Lastschrift, zumal ein sogenannter Acquirer zwischengeschaltet ist: Kreditkartenanbieter wie Visa und Mastercard schließen keine direkten Verträge mit Händlern ab, sondern überlassen es einem Acquirer, die Verträge mit der jeweiligen Akzeptanzstelle zu vermitteln. Hinzu kommt, dass die **technische Integration** recht anspruchsvoll ist.

Doch dafür kann der Händler „Zahlungsstörungen" früher erkennen, weil er mit der Autorisierung über die Bank des Karteninhabers vorab prüfen kann, ob es sich um eine gültige Karte handelt und ob das Kreditlimit für die beabsichtigte Kaufsumme noch ausreicht. Durch die **Autorisierung** wird auch anders als bei der Lastschrift sofort aufgedeckt, wenn der Kunde sich bei der Kartennummer vertippt oder eine frei erfundene Kreditkartennummer angibt.

Sobald der Onlinekunde bei der Zahlung seine Daten – Karteninhaber, Kartennummer, Ablaufdatum und Sicherheitscode – eingegeben hat, werden diese Daten an einen sogenannten Payment Service Provider (PSP) übermittelt, der die Angaben „in Echtzeit" auf **Plausibilität** überprüft und **Sicherheitschecks** vornimmt. Seit dem Jahr 2008 haben die Kreditkartenanbieter Visa und Mastercard mit dem „3D-Secure-Verfahren" eine weitere Sicherheitsstufe eingeführt, bei dem die ausgebende Bank einen eigenen Kanal zur Identifizierung des Karteninhabers öffnet und der Kunde den Sicherheitscode eingeben muss. Die Bank bestätigt damit noch einmal die Identität des Karteninhabers, sodass das Risiko des Zahlungsausfalls weiter gesenkt wird.

Der Kunde kann auch beim Kauf auf Kreditkarte die Abbuchung rückgängig machen, allerdings anders als beispielsweise bei der Lastschrift nicht ohne Angabe von Gründen. Um diese für den Händler teuren sogenannten **Chargebacks** zu minimieren, für die er den Bearbeitungsaufwand der Banken bezahlen muss, haben die Kreditkartenausgeber zahlreiche Überprüfungs- und Sicherheitsverfahren eingeführt.

Der Onlinehändler tut gut daran, auf einen berechtigten Rückbuchungsgrund möglichst schnell mit einer **Gutschrift auf das Kreditkartenkonto** des Kunden zu reagieren, solange dem Kreditkartenunternehmen noch keine Aufforderung zur Rückbuchung oder eine Beleganforderung durch den Kunden vorliegt. Die endgültige Entscheidung darüber, ob der Händler den Anspruch auf Rückzahlung zurückweisen kann, trifft die Bank, die die Kreditkarte herausgibt. Erkennt sie den Widerspruch des Händlers nicht an, muss dieser sich direkt mit dem Kunden auseinandersetzen.

Überschreitet der Anteil der Chargebacks an allen Transaktionen des Onlinehändlers eine Obergrenze von rund zwei Prozent, droht ihm neben den **teuren Rückbuchungsgebühren** auch noch der **Verlust des Kreditkarten-Akzeptanzvertrags**.

Die Kreditkartenorganisationen haben inzwischen die klassischen Karten um Funktionen für den Einsatz im Internet erweitert und auch einige neue Produkte für das Onlineshopping entwickelt. So gibt es inzwischen beispielsweise **Prepaid-Kreditkarten**, die wie Prepaid-Telefonkarten auf Guthabenbasis funktionieren und auch an Jugendliche ab einem Alter von 14 Jahren ausgegeben werden dürfen.

65,75 Euro
kostet ein einzelner Zahlungsausfall den Händler durchschnittlich.
Quelle: Seidenschwarz/Stahl/Weinfurtner/Wittmann: Gesamtkosten von Zahlungsverfahren (2014).

Sofort-Überweisung

Die Sofort-Überweisung ist wie Giropay ein auf den Onlinehandel zugeschnittenes **Direktüberweisungsverfahren** – sozusagen die Vorkasse ohne Medienbruch im Bestellvorgang. Sie kann von allen Kunden, die ein onlinefähiges Girokonto besitzen, genutzt werden. Der Kunde, der bei seinem Online-Einkauf die Sofort-Überweisung als Zahlungsoption auswählt, wird automatisch auf das verschlüsselte sofort.com-Zahlformular weitergeleitet. Dort tippt der Kunde seine Bankleitzahl und die gewohnten Zugangsdaten (wie PIN) ein und gibt abschließend die Transaktion mit dem entsprechenden Bestätigungscode (TAN) frei. Die Daten werden dann verschlüsselt an sein Onlinebanking-Konto übermittelt. PIN und TAN sind zu keinem Zeitpunkt für Händler, Mitarbeiter oder dritte Personen sichtbar und werden auch nicht gespeichert, versichert der Anbieter Sofort AG. Anschließend wird der Kunde zum Onlineshop zurückgeleitet.

Der Onlineshopbetreiber erhält eine „Echtzeit"-Transaktionsbestätigung über die Einstellung der Überweisung, sodass er die Ware sofort verschicken kann. Da die Sofort-Überweisung kein Lastschriftverfahren ist, können auf dem Empfängerkonto gutgeschriebene Beträge nicht ohne das Einverständnis des Kontoinhabers (also des Verkäufers) zurückgeholt werden, weshalb **Zahlungsausfälle von vornherein sehr gering** sind.

Zusätzlich besteht die Möglichkeit, dass der Händler eine **Zahlungsgarantievereinbarung** mit der Sofort AG und der Deutschen Handelsbank abschließt, wonach die Deutsche Handelsbank eine Zahlungsgarantie für Sofort-Überweisungstransaktionen abgibt.

Eigenen Angaben zufolge setzen rund 30 000 E-Commerce-Shops das Zahlverfahren ein und mehr als 18 Millionen Onlinekunden haben Sofort-Überweisung mindestens schon ein Mal genutzt.

Bei Händlern ist die Sofort-Überweisung aufgrund der **günstigen Transaktionskosten**, der **Transaktionsbestätigung in „Echtzeit"** und der **hohen Bankenabdeckung** beliebt. In der Regel zahlt der Händler je Transaktion weniger als ein Prozent vom Warenkorbumsatz, wirbt der Anbieter. So gibt es einige Händler, die ihren Onlinekunden sogar einen Rabatt/Skonto anbieten, wenn sie per Sofort-Überweisung zahlen.

Zudem bietet das Unternehmen, das zum schwedischen Zahlungsdienstleister Klarna gehört, den sogenannten **Paycode** an, mit dem Kunden Rechnungen und Mahnungen begleichen können. Der Händler kann den generierten Paycode per Brief (auch mit QR-Code), E-Mail oder SMS – also sowohl off- als auch online – an den Kunden übermitteln. Der Kunde gelangt mit diesem digitalen Paycode direkt zum verschlüsselten Zahlformular der Sofort-Überweisung, das bereits mit allen Zahlinformationen automatisch ausgefüllt ist. Die Überweisungsträger aus Papier können so völlig entfallen, wirbt die Sofort AG.

Sichere Verschlüsselung

Kundendaten wie Adresse und Bankverbindung wie auch sein Kaufverhalten sind für den Onlinehändler bares Geld wert. Deshalb nehmen Kriminelle für den Diebstahl der sensiblen Datensätze durchaus auch einen größeren Aufwand in Kauf. Um einem Datenmissbrauch vorzubeugen, sollte der Onlinehändler sensible Daten ausschließlich verschlüsselt übertragen. Im Internet hat sich das Verschlüsselungsprotokoll TLS, kurz für Transport Layer Security, etabliert, besser bekannt unter der Vorgängerbezeichnung Secure Sockets Layer (SSL). Man erkennt die Verschlüsselung zum einen an dem Schloss-Symbol in der unteren Browserleiste. Zum anderen beginnt die Internetadresse einer verschlüsselten Webseite mit „https" statt wie gewöhnlich mit „http". Damit ein Händler die Verschlüsselung anbieten kann, muss er ein Zertifikat erwerben.

Vorkasse

Wie bereits eingangs erwähnt: In den Anfangszeiten des Internets hat der Kunde ohne groß nachzudenken gezahlt, bevor geliefert wurde. Für den Händler ist die Vorkasse die ideale Zahlungsart, ist er doch **vor Zahlungsausfällen sicher**, weil der Kunde das Risiko trägt, dass die Ware eventuell nicht, unvollständig oder fehlerhaft geliefert wird. Auch Kunden mit schlechter Bonität kann der Händler ruhigen Gewissens beliefern, wenn das Geld schon auf seinem Konto ist.

Inzwischen sind die meisten Internetkunden jedoch anspruchsvoller: Onlinehändler bieten verschiedene Zahlungsmöglichkeiten an, und die Vorkasse ist im Vergleich zu den anderen für den Kunden ziemlich **umständlich**. Er muss sich zunächst in sein Onlinekonto einloggen oder zur Bank gehen, um dann on- oder offline einen Überweisungsträger auszufüllen, also die angegebenen Kontodaten des Händlers, den Verwendungszweck und den zu zahlenden Betrag abzutippen – und dadurch entsteht ein weiterer Nachteil: Bei der Übertragung der Daten können sich schnell **Fehler** einschleichen.

Außerdem verzögert die Vorkasse den Bestellvorgang, denn der Händler bearbeitet den Auftrag erst dann weiter, wenn der Betrag auf seinem Konto gutgeschrieben ist. Allerdings dürfen Banken seit dem 1. Januar 2012 bei Überweisungen für die Bearbeitung nur noch einen Tag benötigen, wohingegen sie früher dafür bis zu drei

Tage Zeit hatten. Zudem ist die Vorkasse für den Händler nicht kostenlos: Wie bei dem Kauf auf Rechnung entstehen für ihn **Kosten** für den Abgleich des Zahlungseingangs mit den offenen Posten und für Rückfragen bei möglichen Unklarheiten.

Zahlverfahren: Unterschätze Kosten

Es ist schon ein bisschen paradox: Für die deutschen Onlinehändler sind die Kosten bei der Auswahl eines Bezahlverfahren das wichtigste Kriterium. Allerdings haben die meisten Webshopbetreiber in Deutschland keine genaue Kenntnis, was sie dieses Verfahren tatsächlich kostet, so das Ergebnis einer Studie des Instituts ibi research an der Universität Regensburg.

Demnach nannte mit 49 Prozent fast jeder zweite Befragte, dass ihm die Kosten noch vor Sicherheit (40 Prozent) und Nutzerfreundlichkeit (37 Prozent) wichtig sind. Dennoch werden die Gesamtkosten für Bezahlverfahren häufig falsch eingeschätzt: Mit Blick auf die direkten Kosten wird die Vorkasse bei Händlern mit Abstand als günstigstes Verfahren eingeschätzt, vor der Lastschrift, der Sofort-Überweisung und der Zahlung auf Rechnung.

Doch wenn man neben den direkten Kosten auch Faktoren wie Zahlungsausfälle, interne und externe Prüfungen, manuelle Nachbearbeitungen oder Kosten für die Rückabwicklung von Zahlungen im Retourenfall mitrechnet, ergibt sich für einen durchschnittlichen Händler der Studie zufolge ein anderes Bild: Auf Platz eins der Zahlverfahren landet demnach die Sofort-Überweisung mit Gesamtkosten von 1,88 Euro pro Transaktion, gefolgt von der Vorkasse und abgesicherten Lastschrift mit jeweils 3,54 Euro pro Transaktion. Die deutlich teuerste Zahlart ist demnach der Kauf auf (offene) Rechnung mit 8,36 Euro pro Transaktion.

Vor allem die Risiken eines Zahlungsausfalls oder einer Zahlungsstörung können die Handelsspanne erheblich beeinflussen: So verursache ein Zahlungsausfall für Händler laut Umfrage durchschnittlich etwa 66 Euro Kosten, eine Zahlungsstörung fast 18 Euro.

Nachnahme

Das Nachnahmeverfahren ist hierzulande das **älteste Distanzzahlungsverfahren**. Nach der Gründung des Deutsch-Österreichischen Postvereins im Jahr 1850 war die Nachnahme in ganz Deutschland möglich. Die Hochzeit erlebte die direkte Bezahlung bei Paketlieferung durch den Versandhandel in den 1960er- und 1970er-Jahren. Heute sinken die Anteile im Onlinehandel, da Kunden einfacher und bequemer für ihre Bestellungen zahlen können.

Wenn der Kunde per Nachnahme zahlt, gehen weder Händler noch Kunden ein größeres Risiko ein. Der Händler bekommt sein Geld, der Kunde zahlt, wenn er seine Ware in Händen hält. Doch die Abwicklung der Nachnahmezahlung ist **vergleichsweise teuer** und zudem recht **umständlich** – beispielsweise, wenn der Kunde das Geld gerade nicht parat hat, wenngleich manche Zustelldienste auch die Möglichkeit anbieten, per Kredit- oder EC-Karte zu zahlen. Ein weiterer Nachteil ist, dass der Kunde nicht immer zu Hause anzutreffen ist, um das Paket in Empfang zu nehmen. Kann die Ware nicht zugestellt werden oder wird sie nicht im Depot des Zustellers abgeholt, geht sie zurück an den Händler – und der bleibt auf den Versandkosten und der teureren Nachnahmegebühr „sitzen". Das kann kostspielig werden: Die Versand- und Nachnahmekosten für ein Paket bis zu zehn Kilogramm können rund elf Euro betragen – eine Summe, die auch der Kunde nicht unbedingt bereit ist zu zahlen. Dementsprechend sinken die Umsatzanteile der Nachnahme kontinuierlich. Derzeit liegen sie bei rund drei Prozent, mittelfristig wird die Nachnahme vermutlich gänzlich verschwinden.

Amazon Payments

Der weltgrößte Onlinehändler Amazon bietet anderen Webshopbetreibern an, für sie die Zahlungsabwicklung zu übernehmen, inzwischen sogar in zwei Varianten: „Bezahlen mit Amazon" oder „Login und Bezahlen mit Amazon".

Bietet der Händler die Option **„Bezahlen mit Amazon"** an, kann sich der Onlinekunde im Store des Händlers mit seinem Amazon-Benutzernamen und -Passwort einloggen und bezahlen, indem er auf die bei Amazon hinterlegten Adress- und Zahlungsdaten zurückgreift. Für den Kunden hat dies den Vorteil, dass er bei dem „neuen" Onlinehändler **kein eigenes Kundenkonto** einrichten muss und den Einkauf – auch über mobile Geräte – mit wenigen Klicks bezahlen kann. Bei „Bezahlen mit Amazon" können die Kunden somit die hinterlegten Informationen ihres vorhandenen Amazon-Kontos für einen einfachen, sicheren **Gast-Checkout** verwenden und für Waren und Dienstleistungen bezahlen. Dies ist seit 2011 möglich und wird bereits von Tausenden Onlinehändlern in Europa genutzt, wirbt das Internetunternehmen.

Tabelle 5: Gesamtkosten im Basisfall: Rechnung das teuerste, Sofort-Überweisung das günstigste Verfahren

	Direkte Kosten	Indirekte Kosten										Gesamtkosten	
Zahlungsverfahren		Interne Prüfungen[1]	Externe Prüfungen[2]	Verspäteter Zahlungseingang	Warenreservierung bei Vorkasse	Zahlungsstörungen	Zahlungsausfälle	manuelle Nachbearbeitungen	Mahn- und Inkassowesen	Retourenabwicklung	Retourenkorrekturfaktor[3]	Gesamtkosten (Euro/TX)	Gesamtkosten (% des WK)
Vorkasse per Überweisung	0,98 €	0,31 €	0,10 €	0,04 €	0,09 €	0,27 €	0,62 €	0,51 €	0,53 €	0,04 €	0,06 €	3,54 €	3,52 %
Zahlung auf Rechnung	1,74 €	1,18 €	0,35 €	0,20 €	– €	0,82 €	1,34 €	0,65 €	1,31 €	0,18 €	0,60 €	8,36 €	8,31 %
Zahlung auf Rechnung abgesichert über DL	3,82 €	0,60 €	0,27 €	0,21 €	– €	– €	– €	0,11 €	– €	0,04 €	0,16 €	5,22 €	5,19 %
Lastschrift	1,36 €	0,98 €	0,28 €	0,08 €	– €	0,48 €	0,54 €	0,30 €	0,34 €	0,03 €	– €	4,41 €	4,38 %
Lastschrift abgesichert über DL	2,30 €	0,58 €	0,33 €	0,21 €	– €	– €	– €	0,08 €	– €	0,04 €	0,01 €	3,54 €	3,52 %
Nachname	3,96 €	0,16 €	0,09 €	0,14 €	– €	0,07 €	0,21 €	0,20 €	0,26 €	0,01 €	0,01 €	5,11 €	5,08 %
Kreditkarte	2,42 €	0,43 €	0,10 €	0,16 €	– €	0,26 €	0,52 €	0,15 €	0,32 €	0,06 €	0,04 €	4,45 €	4,42 %
PayPal	2,13 €	0,83 €	0,10 €	0,05 €	– €	0,31 €	0,53 €	0,34 €	0,27 €	0,08 €	0,23 €	4,87 €	4,85 %
Sofort-Überweisung	1,33 €	0,11 €	0,11 €	0,05 €	– €	0,10 €	0,06 €	0,06 €	0,02 €	0,02 €	0,02 €	1,88 €	1,87 %

Die Kosten sind angegeben in Euro bezogen auf die Höhe des durchschnittlichen Warenkorbs des Basisfalls (100,60 Euro).

1 Die Kosten für interne Risikoprüfungen wurden nach Expertengesprächen zur Komplexitätsreduktion für alle Verfahren mit den gleichen Kosten angesetzt.

2 Bei den Kosten für die externe Risikoprüfung wurde auf Werte aus einer separaten Expertenschätzung zurückgegriffen.

3 Der Retourenkorrekturfaktor stellt einen wertmäßigen Aufschlag auf die Zahlungsverfahren dar, die nicht die geringste Retourenwahrscheinlichkeit im vorliegenden Betrachtungsfall aufweisen. Für den Basisfall ist dies die Lastschrift.

Quelle: Seidenschwarz/Stahl/Weinfurtner/Wittmann: Gesamtkosten von Zahlungsverfahren (2014).

Bei **„Login und Bezahlen mit Amazon"**, das seit Herbst 2014 in Deutschland angeboten wird, können Kunden sich zusätzlich bei anderen Webshopbetreibern mit ihrem Amazon-Benutzernamen und -Passwort registrieren und mit nur wenigen Klicks ein Kundenkonto anlegen. Onlineshops können so **Amazon-Kunden zu ihren Kunden machen**, wirbt das Unternehmen, und auf diese Weise die Zahl eigener, bereits geprüfter Kunden erhöhen.

Zudem können die Kunden bei beiden Varianten auf der Website des Händlers bleiben, um Amazon-Benutzernamen und -Passwort einzugeben. Liefer- und Zahldaten aus dem Amazon-Konto können direkt beim Händler über integrierte grafische Elemente („Widgets") ausgewählt werden.

Die Händler profitieren unter anderem vom **Schutz vor Zahlungsausfällen**, so Amazon Payments, und es gelten für beide Produkte die gleichen **Gebühren**: Amazon berechnet dem Händler momentan sowohl für „Bezahlen" als auch „Login und Bezahlen" pro Transaktion 35 Cent und, je nach monatlichem Zahlungsvolumen, zwischen 1,2 und 1,9 Prozent der Rechnungssumme. Der Händler muss sich bewusst sein, dass er mit der Akzeptanz dieser Zahlungsart zum Datenlieferanten für einen seiner größten Onlinekonkurrenten wird.

ClickandBuy

Der Zahlungsdienstleister ClickandBuy ist eine Tochtergesellschaft der Deutschen Telekom und rechnet **auch Kleinstbeträge** ab. Der Internetkäufer registriert sich einmalig und hinterlegt seine Bankverbindung oder Kreditkartendaten. Wenn ein Onlinekunde etwas kauft, loggt er sich über ClickandBuy mit seinem Benutzernamen und Passwort ein und zahlt über sein dort hinterlegtes Kundenkonto per Lastschrift, Kreditkarte oder mit einem zuvor aufgeladenen Guthaben (Prepaid).

Je nach Onlinehändler können auch Erst- und Gelegenheitsnutzer ihre Onlinekäufe mit einer **vereinfachten Registrierung** ohne vollständige Anmeldung über ClickandBuy bezahlen. Zudem gibt es eine Mobile-App, mit der Konsumenten über ihr Smartphone einkaufen können.

Der Zahlungsabwickler berechnet eine nach Branche, Transaktionsgröße, Abrechnungszeitraum und Auszahlungsverzögerung **variierende Gebühr und Provision**.

Abbildung 2: So zahlen die deutschen Onlinekunden am liebsten*

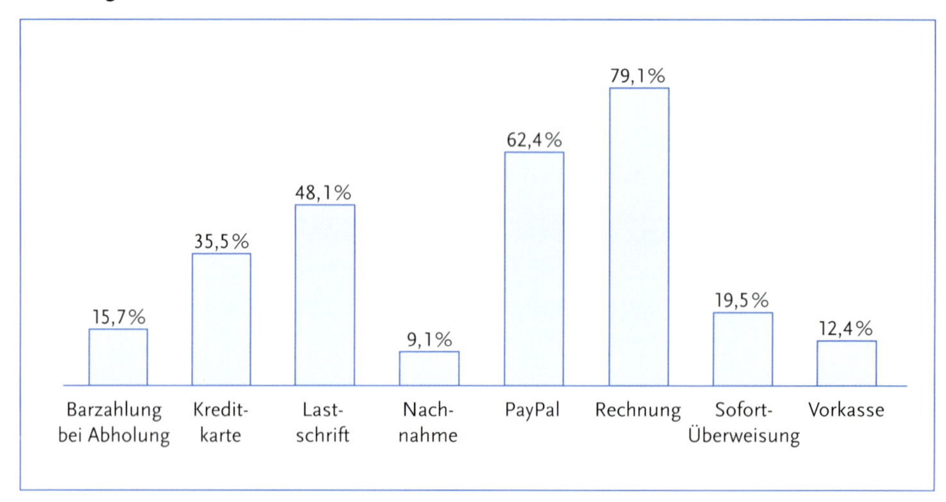

* Mehrfachnennungen möglich

Quelle: Klees/Krüger/Eckstein: Payment im E-Commerce (2014).

Giropay

Das Zahlverfahren Giropay, das von der deutschen Kreditwirtschaft entwickelt wurde, ist wie die Sofort-Überweisung ein auf den Onlinehandel zugeschnittenes Überweisungsverfahren, das die Nachteile der Vorkasse wie etwa die Verzögerungen und den Medienbruch im Bestellvorgang vermeidet. Wählt der Kunde diesen Weg, um seine Internetbestellung zu zahlen, wird er zum **Onlinebanking** seiner Bank umgeleitet und loggt sich wie sonst auch in den geschützten Bereich ein. Dort wird ihm ein bereits mit den Zahlungsdaten und dem Verwendungszweck **vorausgefüllter Überweisungsauftrag** angezeigt, den der Kunde wie beim „normalen" Banking im Internet mit einer Transaktionsnummer (TAN) bestätigen muss.

Der Vorteil: Der Kunde vertraut seiner Bank und dem ihm bekannten, sicheren Verfahren mit PIN-/TAN-Abfrage. Der Nachteil: Der Bankkunde muss die TANs dabei haben, beispielsweise seine EC-Karte und ein Gerät zur Abfrage oder eine TAN-Liste. Außerdem können nur Kunden, deren Bank den Dienst auch anbietet, Giropay nutzen. Das Unternehmen wirbt, dass gut 1500 Banken und Sparkassen das Zahlverfahren anbieten, sodass es von fast 40 Millionen Onlinebankingkunden in Deutschland und Österreich genutzt werden kann. Außerdem verspricht

Abbildung 3: So zahlen die deutschen Mobile-Kunden am liebsten*

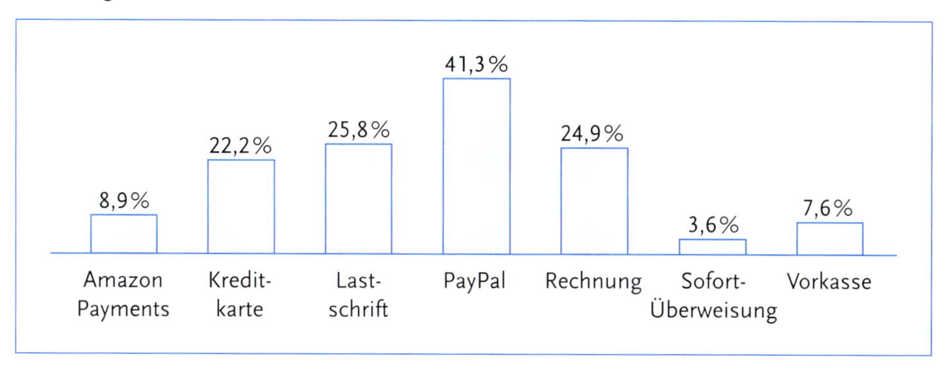

* Mehrfachnennungen möglich

Quelle: Klees/Krüger/Eckstein: Payment im E-Commerce (2014).

Giropay eine **hundertprozentige Zahlungssicherheit** – anders als bei der Lastschrift kann ein Kunde eine selbst getätigte Onlineüberweisung nicht zurückziehen.

Das jeweilige Kreditinstitut übermittelt nach dem abgeschlossenen Überweisungsvorgang eine Auftragsbestätigung an den Händler und leitet den Kunden zurück in den Webshop. Da die Banken dem Händler die Zahlung garantieren, kann er die Ware sofort versenden. Um Giropay anbieten zu können, muss der Händler einen entsprechenden Vertrag mit einem **„Acquirer"** als Partner und Bindeglied eingehen.

Die **Konditionen** dieser Vertragspartner, die die Abrechnung der Kartenumsätze übernehmen, sind offenbar recht unterschiedlich und sollten individuell geprüft werden. So zahlt ein Händler bei der Durchführung einer Zahlung an Giropay ein Entgelt von maximal 0,95 Prozent des Umsatzes, mindestens aber 33 Cent pro Transaktion. Hinzu kommen allerdings Gebühren für den sogenannten Payment Service Provider, über den die Giropay-Acquirer unter anderem technisch in die Onlineshops implementiert werden. Je nachdem kommen auf den Händler somit **Gebühren** in Höhe von etwa zwei bis drei Prozent des Umsatzes zu.

Grundsätzlich zahlt der Kunde auch bei Giropay per **Vorkasse**, denn er begleicht die Rechnung, bevor er die Ware geliefert bekommt. Dementsprechend muss er dem Onlinehändler vertrauen.

Yapital

Yapital, die Finanztochter der Otto Group, bietet ein **Crosschannel-Bezahlverfahren** für Smartphone, Online- und Rechnungstransaktionen an. Die Kunden müssen sich einmalig online registrieren und – ähnlich wie bei PayPal – eine gewünschte Zahlungsart (Kreditkarte oder Lastschrift) hinterlegen. Der Kunde kann hiermit bei teilnehmenden Händlern an der Ladenkasse ebenso zahlen wie in Webshops, oder seine Rechnung zu Hause begleichen. Das funktioniert immer über einen angezeigten QR-Code, den der Kunde mit der **Yapital-App** scannt; online kann er die Zahlung alternativ, wenn er sein Smartphone nicht zur Hand hat, über seinen Yapital-Benutzernamen mit Passwort vornehmen. Seit 2013 ermöglicht Yapital auch kleineren Händlern wie zum Beispiel Kioskbesitzern, Zahlungen per Smartphone anbieten zu können, **ohne ein eigenes Kassensystem** zu haben: Die Yapital-Business-App generiert auf dem Display des Smartphones oder Tablet-PCs des Händlers einen QR-Code, der mit einer Referenz hinterlegt ist, über welche die Zahlung abgewickelt wird. Der Kunde scannt den QR-Code mit seiner Smartphone-App und klickt zur Zahlung auf „Bestätigen".

Yapital garantiert die **„Echtzeit-Zahlung"** und wirbt damit, dass das Geld sofort auf dem Geschäftskonto eingeht. Monatliche **Grundgebühren oder Registrierungskosten** muss der Händler nicht zahlen. Für eine E-Commerce-Transaktion von weniger als fünf Euro (Micro-Payment) berechnet Yapital neun Cent plus neun Prozent des Umsatzes, bei Onlinekäufen ab fünf Euro je Transaktion 30 Cent und 1,8 Prozent des Umsatzes. Für die Zahlung per Smartphone im Ladengeschäft werden 2,6 Prozent des Betrages je Transaktion fällig.

Weiterführende Informationen zu Zahlungsmodellen finden Sie unter folgendem Link:

www.derhandel.de/PraxisfuehrerE-Commerce

Barzahlen

Auch im virtuellen Internet kann man mit Bargeld zahlen – zumindest über einen kleinen Umweg: Der Kunde kauft online ein und wählt beim Kaufabschluss „Barzahlen" als Zahlungsart aus. Anschließend erhält er einen **Zahlschein per E-Mail**, den er sich ausdrucken oder per SMS auf sein Handy schicken kann – das funktioniert mit allen Modellen, nicht nur Smartphones, wie der Anbieter verspricht.

Dann geht der Kunde einer der inzwischen rund 7500 angeschlossenen Onlineshops zu einer Filiale der inzwischen gut **3500 Barzahl-Partner**, darunter der Drogeriemarkt dm, die SB-Warenhauskette Real oder Telekommunikationsunternehmen wie Telekom oder mobilcom-debitel. Dort scannt der Kassierer den Zahlschein oder tippt den genannten Handy-Zahlcode ein und der Kunde zahlt den **Online-Einkauf in bar**. Die Kasse des Barzahlen-Partners benachrichtigt den Onlinehändler „in Echtzeit", sodass er die Ware umgehend und risikofrei an den Kunden versenden kann. Der Händler kann Barzahlungen bis zu einem Zahlbetrag von 999,99 Euro je Transaktion anbieten.

Auswahl von Zahlungsverfahren

Folgende Kriterien sollten Händler bei der Auswahl von Zahlungsverfahren beachten:

Kriterium	Fragestellung, die bei der Bewertung beantwortet werden sollte
○ Verbreitung/Akzeptanz durch Kunden	Welcher Anteil der Kunden/Zielgruppe des Unternehmens kann das Verfahren ohne weiteres nutzen?
○ Schutz vor Zahlungsausfällen und Zahlungsverzögerungen	Wie hoch ist das Risiko von Zahlungsausfällen und inwiefern kann man sich davor schützen? Wann erfolgt der Zahlungseingang?
○ Kosten	Welche einmaligen und wiederkehrenden Kosten fallen an?
○ Unterstützung Prozesse	Inwiefern können mithilfe des Zahlungsverfahrens durchgängige/automatisierte Prozesse gestaltet werden?
○ Anonymität	Soll im Webshop auch die Möglichkeit bestehen, anonym zu bezahlen?
○ Betragsbereich	Welche Beträge (von x Euro bis y Euro) sollen abgewickelt werden können?
○ Wiederkehrende Zahlungen	Wird eine Unterstützung wiederkehrender Zahlungen benötigt (z. B. für Abonnements)?

Quelle: Stahl/Breitschaft/Krabichler/Wittmann: E-Commerce-Leitfaden (2015).

Logistik: So kommt die Ware vom Klick zum Kunden

Der Händler hat im Webshop alles richtig gemacht und der Kunde hat verschiedene Artikel bestellt. Doch nun kommt noch einmal eine Menge Arbeit auf den Verkäufer zu, denn die Ware muss aus dem Lager zum Kunden – und das möglichst schnell und sicher. Gut aussehen muss die Lieferung obendrein: Das Paket auszupacken ist für den Kunden der Abschluss des Onlinekaufs, fast schon wie ein Geschenk auspacken. Stimmt hier etwas nicht, schadet das dem Image des Händlers.

Das richtige Sortiment, der schönste Shop und die beste Werbung nutzen dem Onlinehändler also nichts, wenn die **Prozesse im Hintergrund** nicht rund laufen und auf die Wünsche der Kunden abgestimmt werden. Vor allem der Versandabwicklung und der Übergabe der Lieferung an den Kunden kommt als letzter Schritt des Onlineshoppings eine besondere Bedeutung zu. Außerdem sollte sich der Händler überlegen, welche **zusätzlichen Leistungen** er beim Versand anbieten will, etwa Geschenkverpackung, Lieferung zum Wunschtermin, Expressversand, Zustellung per Nachnahme oder Paketverfolgung und Aufbauservice.

Damit nach dem Bestelleingang alles weitere reibungslos läuft, muss der Händler viele Dinge im Griff haben, angefangen mit der Lagerhaltung über die Kommissionierung, Verpackung und Frankierung für den Versand bis hin zur Rechnungsstellung und eventuellen Mahnungen. Auch für das Retourenmanagement, wenn die Ware wieder zurückkommt, sowie eventuelle Ersatzteilversorgung, Reparaturen, Entsorgung und die Kundenbetreuung sollte der Händler effiziente und für den Kunden zufriedenstellende Prozesse haben.

Kommissionierung

Ist die Bestellung eingegangen und der Kunde per Mail benachrichtigt, beginnt die **Versandabwicklung**. Zunächst wird in aller Regel kommissioniert, also eine **Packliste** erstellt, die die gängigen Shopsysteme automatisch erzeugen. Auf dieser Kommissionierliste wird alles vermerkt, was in die Lieferung gehört. Wenn nicht bereits während des Bestellvorgangs eine Verfügbarkeitsprüfung durchgeführt wurde und ein Produkt vergriffen ist, sollte der Händler dies im System und in den Lieferdokumenten für den Kunden vermerken – mit dem Hinweis, wann die Nachlieferung voraussichtlich erfolgt.

Die Packliste informiert über Lagerplatz, Artikelnummer und Menge der bestellten Produkte, die der Onlinehändler aus dem Lager nimmt und zusammenstellt. Der **aktuelle Lagerbestand** sollte immer mit dem Angebot im Netz übereinstimmen. Wenn ein Produkt nicht mehr vorhanden ist, sollte der Kunde während des Onlinekaufs über den möglichen Liefertermin informiert werden; sind nur noch wenige Produkte vorhanden, sollte der Händler die Verfügbarkeit in der Produktanzeige im Webshop entsprechend anpassen. Ist dann doch einmal ein Produkt überhaupt nicht mehr lieferbar, ohne dass dem Kunden das während des Bestellvorgangs mitgeteilt wurde, kann der Händler durch Service punkten, indem er „persönlich" wird und den Kunden beispielsweise per Mail informiert und ein ähnliches Produkt als Ersatz empfiehlt.

Darüber hinaus werden der kommissionierten Ware Lieferschein, Rechnung, Adress- und Retourenaufkleber sowie gegebenenfalls sonstige Unterlagen etwa zur Rücksendung beigelegt. Die meisten Warenwirtschafts- und Shopsysteme erstellen diese Dokumente automatisch. Inzwischen gibt es bei der entsprechenden Software oft **Schnittstellen zu gängigen Paketdienstleistern**. Der Vorteil: Durch die elektronische Bearbeitung werden „manuelle" Fehler minimiert und Zeit gespart.

Verpacken und frankieren

Hat der Händler die Ware zusammengestellt, muss sie nur noch sicher beim Empfänger ankommen. Auch das hört sich einfacher an, als es ist: **Die richtige Verpackung** für den bestmöglichen Schutz der jeweiligen Ware zu wählen, die auch noch gut aussieht, wenn sie beim Kunden ankommt, ist fast schon eine Wissenschaft für sich. Beschädigungen sind nach der Begründung „Der Artikel passt nicht, gefällt nicht oder entspricht nicht der Produktbeschreibung" der zweithäufigste Grund für **Rücksendungen**, hat eine Studie von ibi research an der Universität Regensburg ergeben. Reklamationen, an denen die Verpackung schuld ist, sind zudem nicht nur ärgerlich, sondern auch teuer: Nach Angaben des Verbandes der Wellpappen-Industrie (VDW) kosten die vermeidbaren Transportschäden Jahr für Jahr mehr als 300 Millionen Euro.

Es gibt spezialisierte Hersteller und Logistikdienstleister, die je nach Ware entsprechende Verpackungen anbieten. Bei Flüssigkeiten oder Gefahrstoffen muss der Händler vorab mit dem Versanddienstleister klären, wie die Ware verpackt und gekennzeichnet werden muss.

Äußere und innere Werte

Grundsätzlich muss eine Verpackung nach außen gegen Beschädigung, Diebstahl und Witterung gewappnet sein. Aber auch das Paketinnere muss gewissen Ansprüchen genügen. Als Faustregel kann gelten: weiche Polster für leichte Produkte, härtere Polster für schwere Fracht – Hauptsache, die Ware kommt nicht mit der Außenverpackung in Berührung und rutscht nicht unkontrolliert im Paket hin und her. **Gebräuchliche Materialien** zum Füllen, Polstern, Schützen und Fixieren sind Luftpolsterfolien, Holzwolle oder Verpackungschips.

Der Karton muss grundsätzlich dem Gewicht des Paketinhalts standhalten. Der Händler sollte beim Versand von Paketen auch immer an den **späteren Transport** denken: Form und Gewicht des Pakets sollten so sein, dass es sicher gegriffen, abgesetzt und gut verstaut werden kann. Außerdem sollte das Paket **stapelfähig** sein: Beim Stapeln entsteht hoher Druck, dementsprechend fest muss die Verpackung sein. Schwere Kartons sollten zusätzlich mit reißfesten, verstärkten Filamentbändern verschlossen werden. Der Paketaufkleber gehört immer auf die größte Oberfläche des Pakets. Werden neben dem Paketschein noch andere Paketaufkleber verwendet, etwa zusätzliche Adressinformationen, dürfen diese sich nicht überlappen.

Mit den in den meisten Shopsoftwares vorgesehenen Schnittstellen zu den gängigen Versanddienstleistern kann der Händler seine einzelnen Sendungen **etikettieren** und **frankieren** und die entsprechenden Auftragsdaten an den Paketdienst übermitteln, der sie auch mit eventuellen Sonderwünschen weiterverarbeiten kann.

Zu dem vereinbarten Zeitpunkt holt der Paketdienst die Sendung ab und der Händler kann den aktuellen Sendungsstatus verfolgen.

Im Prinzip haben **Paketdienstleister für Onlinehändler** aller Größenordnung eine passende Lösung. Neben dem Preis-Leistungs-Verhältnis können für die Wahl eines Logistikpartners auch die Lieferzeit, die zulässigen Größen und Gewichte eines Pakets und die Abrechnungsmodalitäten – beispielsweise ob man wöchentlich oder alle 14 Tage zahlt – sowie das weitere Serviceangebot des Paketprofis entscheidend sein.

Verpackungsverordnung

Versandhändler müssen sich einem Entsorgungssystem anschließen. Das ist unabhängig davon, ob der Firmensitz des Versenders in Deutschland ist oder ein ausländisches Unternehmen nach Deutschland exportiert. Das regelt die Verpackungsverordnung (VerpackV), die die Richtlinie 94/62/EG über Verpackungen und Verpackungsabfälle des Europäischen Parlaments und des Europarats in Deutschland umsetzt. Diese Verordnung soll das Aufkommen von Verpackungsabfällen vermeiden, deren Auswirkungen auf die Umwelt verringern und die Wiederverwendung fördern. Der Gesetzgeber unterscheidet zwischen Verkaufsverpackungen, Umverpackungen und Transportverpackungen. Alle Verpackungen, die beim Onlinekunden anfallen, sind grundsätzlich Verkaufsverpackungen. Dazu gehört auch das gesamte sonstige Verpackungsmaterial wie etwa Holzwolle, Folien, Styroporchips und Luftpolstertaschen.

Versenden und Zustellen

Onlinehändler können die Pakete selbst in den Filialen und Paketshops verschiedener Dienstleister abgeben oder Abhol- und Zustellrhythmen vereinbaren, wann die Pakete abgeholt werden sollen. Die meisten Dienstleister bieten auch die Bezahlung per Nachnahme sowie eine Identifizierung des Kunden und dessen Altersprüfung an. Der Versanddienstleister haftet bis zu einem bestimmten Betrag pro Paket, doch je nach Produktwert kann der Händler gegen eine Zusatzgebühr höher versichern.

Der **Service der Logistikdienstleister** bis zum Konsumenten kann ebenfalls entscheidend für das „gute" Onlinekauferlebnis sein. Zum Beispiel, wenn der Kunde nicht zu Hause ist: Einige Dienstleister versuchen, das Paket noch einmal zuzustellen, bei anderen kann oder muss der Kunde es in einer Filiale, Packstation oder einem Paketshop abholen. Bei den meisten Dienstleistern können Kunden aber auch eine alternative Zustelladresse wie etwa den Arbeitsplatz, einen Nachbarn, eine bestimmte Filiale des Anbieters oder im Falle DHL eine Packstation angeben. Auch der Aufwand, den der Kunde mit einer Retoure hat, kann für ihn entscheidend in der **Beurteilung des Onlineshops** sein.

Hat der Onlinehändler dem Logistiker die Auftragsdaten elektronisch übermittelt, hat er eine sogenannte Tracking-ID für jedes Paket. Diese Kennung wird aus dem System des Versanddienstleisters automatisch erstellt. Der Händler kann sie dem Kunden in der Versandbestätigung mitteilen, sodass dieser den aktuellen Standort und Status seiner Sendungen prüfen kann. Für ganz eilige Onlinekunden bieten Logistikdienstleister in aller Regel eine Expresslieferung an.

Mögliche Versandleistungen für Kunden

- Sendungsverfolgung
- Zustellung an PaketShops/Packstationen
- Selbstabholung
- Aufteilung auf mehrere Lieferadressen
- Sendungsavise: Wann kommt das Paket beim Kunden an?
- Lieferung am selben Tag
- Altgeräteentsorgung
- Feierabendzustellung
- Aufbauservice
- Auswahl des gewünschten Lieferzeitpunkts
- Expresszustellung
- Geschenkverpackung

...und wieder zurück: Retouren

Mit den Fernabsatzverträgen räumt der Gesetzgeber dem Privatkunden beim Internetkauf die Möglichkeit ein, Ware zurückzuschicken. Davon machen die Kunden je nach Branche regen Gebrauch – allen Bemühungen des Händlers, die Retouren im Webshop und bei der Logistik zu minimieren, zum Trotz. Durchschnittlich beträgt die **Retourenquote** rund zehn Prozent – bei Mode deutlich höher. Die **Bearbeitungs- und Portokosten**, die der Händler für eine Rücksendung zahlen muss, sollen bei rund 12,50 Euro liegen. Hinzu kommt ärgerlicherweise, dass der Händler etwa ein Fünftel der zurückgeschickten Ware nur noch als B-Ware oder gar nicht mehr verkaufen kann, zeigt eine Studie von ibi research an der Universität Regensburg. Durch ein relativ **neues EU-weites Verbraucherrecht** können Händler die Rücksendekosten auch direkt an ihre Kunden weitergeben (mehr dazu im Kapitel „Rechtlich auf der sicheren Seite“ ab Seite 157).

Um die Retourenquote grundsätzlich zu senken, muss der Händler zuerst dem **Grund für die Rücksendung** auf die Spur kommen. So sollte er der Bestellung einen Fragebogen beilegen, auf dem die Kunden im Falle einer Rücksendung die Gründe dafür angeben und mitteilen können, ob sie Ersatz für die Ware etwa in einer anderen Größe haben wollen. Die Auswertung der Retouren ist für den Onlinehändler deshalb wichtig, weil er eventuelle Schwachstellen auf seiner Seite aufdecken kann. So kann er beispielsweise prüfen, ob die Produktbeschreibung eines oft zurückgeschickten Produkts fehlerhaft ist oder an welcher Stelle sie aussagekräftiger werden muss.

Der Kunde sollte auch auf die Möglichkeit hingewiesen werden, bei Problemen Kontakt zum Verkäufer aufnehmen zu können. Ist beispielsweise die Hundefutterdose leicht eingedellt, kann der Händler dem Kunden einen Nachlass gewähren, statt dass die Ware zurückgeschickt wird. Manche Produkte sind auch nicht defekt, wie der Kunde denkt, sondern vielleicht nur erklärungsbedürftig. Neben der Senkung der Retourenquote trägt ein **guter Kundenservice** zur Zufriedenheit der Käufer bei, sodass er gerne wieder bestellt.

Grundsätzlich sollte der gesamte Retourenprozess für den Kunden verständlich erläutert werden, zum einen mit einem kurzen **„Retourenleitfaden“**, der der Lieferung beiliegt, zum anderen auf einer Seite im Onlineshop. Dabei sollte der Händler gleichermaßen auf den Service des Paketdienstleisters wie auch dessen Anforderungen bei den Rücksendungen hinweisen. So ist der Paketschein beispielsweise bei einigen Logistikern gleichzeitig der Retourenschein und sollte nicht beschädigt oder weggeworfen werden. Muss erst ein neuer Retourenschein erstellt werden, ist das aufwändig und zeitintensiv.

Best Practice
Test: Zurück-Vorbild Deichmann

Es gibt Händler, bei denen der Umtausch so reibungslos funktioniert, dass man das Gefühl hat, Multichannel sei bereits Teil der DNA des Unternehmens. Der Schuhhändler Deichmann ist ein solches Beispiel. Vormittags bestellt, am frühen Abend eine Mail erhalten, dass das Paket unterwegs ist, am nächsten Tag ist die Ware da. Dem Paket liegt ein Zettel bei: „Der Schuh drückt? Rückgabe bei Deichmann leicht gemacht."

Die Rückgabe, gemeinerweise an einem Samstagnachmittag in einer Filiale auf der stark besuchten Frankfurter Einkaufsmeile Zeil, klappt reibungslos und fix. Die Verkäuferinnen an der Kasse sind ein eingespieltes Team, ausgesprochen freundlich und geben Bargeld heraus, obwohl die Rechnung per Kreditkarte bezahlt wurde. Am nächsten Tag (Sonntag) ist schon eine Bestätigungsmail über die Rückgabe da. „Wir freuen uns, wenn Sie unseren Shop bald wieder besuchen!", heißt es dort. Die bis dahin Nicht-Deichmannkundin kauft nun öfters bei Europas größtem Schuhhändler.

Heute bestellt, heute bekommen

Stationäre Händler haben einen Vorteil: die örtliche Nähe zum Kunden. Wenn zum Beispiel der Beamer kurz vor der Präsentation kaputt ist, keine Zeit zum Einkaufen für den spontanen Kochabend mit Freunden bleibt oder man bei einer Krankheit nicht vor die Tür will, um Medikamente zu besorgen: In Ballungsräumen kann der Händler die online bestellten Produkte inzwischen problemlos aus der Filiale liefern lassen, denn es gibt immer mehr Kurierdienste, die diese neudeutsch **„Same Day Delivery"** genannte Dienstleistung anbieten.

Mit der Lieferung am Tag der Bestellung ist es allerdings so eine Sache: Zwar dürfte dieser Markt bis 2020 in Westeuropa auf rund drei Milliarden Euro anwachsen, prognostiziert die Unternehmensberatung McKinsey. Damit würde die taggleiche Lieferung in wenigen Jahren 15 Prozent des Onlineumsatzes mit Standardpaketen ausmachen, während sie heute weniger als ein Prozent beträgt. Doch die deutschen Konsumenten stehen der taggleichen Lieferung noch eher **skeptisch** gegenüber – und sind vor allem knauserig: Gut jeder zweite Konsument würde den Service nur in Anspruch nehmen, wenn er kostenlos ist, zeigt eine Studie von ibi research an der Universität Regensburg. Zudem würde erstaunlicherweise fast jeder Fünfte selbst dann auf diesen Service verzichten, wenn er dafür nichts bezahlen müsste.

Zwar bieten erst wenige Händler diesen schnellen Lieferservice an, aber mehr als ein Drittel plant diese Versandoption oder hat zumindest Interesse daran, hat das Forschungsinstitut E-Commerce Center am Institut für Handelsforschung in Köln herausgefunden. Rund drei von vier befragten Onlinehändlern hoffen demnach vor allem auf **Zusatzumsätze** durch Bestellungen bei kurzfristigem Bedarf, knapp jeder sechste setzt auf **höhere Warenkörbe**.

Für die Einzelhändler ist das Lieferversprechen am selben Tag allerdings eine Herausforderung. Zum einen müssen die **Abläufe** stimmen: Die Ware muss schnell kommissioniert und verpackt werden, und vor allem muss das gewünschte Produkt tatsächlich vorrätig sein – was unter anderem hohe Anforderungen an die Warenwirtschaft stellt. Und dann sind da noch die **Kosten**: Auch wenn der Kunde für die schnelle Lieferung selbst zahlt, hat der Händler für die Technik und Organisation aufzukommen, etwa indem er seine Mitarbeiter schulen und das Lieferangebot bewerben muss.

Anbieter der taggleichen Lieferung

- **DHL:** DHL Paket bietet seit 2012 den „Kurier Taggleich" an, inzwischen in mehr als 14 deutschen Ballungsgebieten und somit mehr als 50 Städten. Die Kunden können ein Wunschzeitfenster von 18 bis 20 Uhr oder 20 bis 22 Uhr an allen Werktagen (auch Samstag) wählen. Auf Wunsch nimmt der DHL Kurier die Verpackung zurück. Die Preise sind individuell vom jeweiligen Onlineshop abhängig. Die schnellstmögliche Zustellung „Kurier Direkt" kostet ab 11 Euro pro Lieferung. Händler, die dies anbieten, sind unter anderem myTime.de, aponeo.de und alternate.de.

- **Tiramizoo:** Das 2010 gegründete Start-up bietet einen Kurierdienst an, über den Webshops und stationäre Filialen die Lieferung ihrer Produkte in 90 Minuten oder innerhalb eines festgelegten Zeitfensters abwickeln können. Die webbasierte Lösung vernetzt die Kurierfahrer mit ihren lokalen Kunden. Verfügbar ist der Service derzeit in 19 deutschen Großstädten, das Kuriernetzwerk besteht aus rund 1200 Kurieren. Es gibt nahezu keine Größen- und Gewichtsbeschränkungen. Eine Sofortlieferung binnen der nächsten 90 Minuten kostet ab 14,90 Euro, die taggleiche Lieferung zum Wunschtermin ab 9,90 Euro – abhängig von der Größe und der Entfernung des zu liefernden Produktes. Handelsreferenzkunden sind unter anderem Cyberport, Media Markt beziehungsweise Saturn und Lodenfrey.

- **Mytaxi:** Im August 2013 führte die Taxivermittlungs-App mytaxi den Kurierdienst „Delivery" ein. Bei der Bestellung wird die Lieferadresse abgefragt und geprüft, ob das Produkt zugestellt werden kann. Wenn ja, erhält der Kunde nach der Zahlungsabwicklung eine TAN, um den Kauf bei der Zustellung zu verifizieren. Parallel dazu fragt der Händler das nächste Taxi an, das den als Kurierfahrt gekennzeichneten Auftrag annimmt. Rund 60 Prozent der Taxifahrer in den mehr als 40 angeschlossenen Städten in Deutschland haben sich für mytaxi Delivery registriert. Die Lieferung erfolgt binnen einer Stunde oder zum Wunschtermin. Stationäre Fachhändler können den Service ebenfalls anbieten. Der Kunde zahlt die normalen Taxigebühren. In einigen Fällen, wie etwa bei der Kooperation mit Media Markt in Hamburg, erhebt der Elektronikhändler eine Pauschale von 15 Euro für die Lieferung. Weitere Händler, die diesen Service anbieten, sind unter anderem anitahass.com oder myClassico.com.

- **Liefery:** Das Tochterunternehmen der Lufthansa-Beteiligung time:matters betreibt seit Ende 2013 eine Service- und Technologieplattform, die Endkunden, Händler und Kuriere miteinander verbindet und es ermöglicht, online- oder stationär getätigte Einkäufe bequem bis an die Haustür liefern zu lassen. Der Service ist zurzeit in 35 Städten verfügbar und umfasst eine Lieferung in 90 Minuten sowie eine Zustellung in einem frei wählbaren Wunschzeitfenster. Die Preise fangen bei 6,99 Euro pro Lieferung an, das Gewicht der Lieferung ist auf 32 Kilo beschränkt. Bereits angeschlossene Händler sind unter anderem ECE mit mehreren Shoppingcentern, mymuesli.de sowie Sportscheck.

- **MyLorry:** Das Start-up MyLorry bietet lokale Sofortlieferungen über freie Kuriere in zehn Großstädten an. Der Instant Delivery Service von MyLorry kann jederzeit online gebucht werden oder direkt in den Check-out-Prozess von Onlineshops integriert werden. Der Fahrer holt dann die Onlinebestellung in der örtlichen Filiale eines Händlers ab und liefert sie binnen 90 Minuten oder zum Wunschtermin nach Hause. Die Preise sind nach Größen des Gefährts gestaffelt. Für einen Fahrradkurier berechnet MyLorry 5,95 Euro Grundgebühr und 1,19 Euro pro gefahrenem Kilometer, für einen Transporter 23,95 Euro und 1,19 Euro pro Kilometer. Händler, die mit MyLorry liefern lassen, sind unter anderem Hellweg Baumärkte und IKEA.

Logistik auslagern

Es gibt inzwischen fast nichts mehr, was die Dienstleister rund um die Logistik nicht übernehmen. Der Webshopbetreiber kann im Prinzip alles an einen sogenannten Fulfillment-Dienstleister auslagern, von der Lagerhaltung, Kommissionierung und Verpackung über das Debitorenmanagement und weitere Serviceleistungen bis hin zum Retourenmanagement.

Mögliche Kriterien zur Auswahl des Logistikdienstleisters

- ○ Gibt es flexible Abhol- und Zustellrhythmen?
- ○ Zustellung an einem Wunschtag?
- ○ Zustellung in einem frei wählbaren Zeitfenster?
- ○ Wie lange ist die Lieferzeit?
- ○ Wie viele Annahme- und Abgabestellen gibt es?
- ○ Werden Retouren an der Haustür des Kunden abgeholt?
- ○ Werden Versandetiketten online bereitgestellt?
- ○ Welches maximale Paketgewicht ist möglich?
- ○ Wie hoch ist der Betrag der Standardhaftung?
- ○ Wie viele Zustellversuche gibt es?
- ○ Wie lange werden nicht zugestellte Sendungen gelagert?
- ○ Bekommt der Kunde ein ungefähres Lieferzeitfenster angegeben?
- ○ Kann der Kunde den aktuellen Standort seines Pakets verfolgen?
- ○ Wie lange vor der Lieferung kann der Kunde noch die Zustelladresse ändern?
- ○ Wie lange wird abends/samstags ausgeliefert?
- ○ Wird montags geliefert (Frischeprodukte)?
- ○ Identifizierung des Kunden/Altersverifikation?
- ○ Welche Bezahlarten stehen bei einer Nachnahme zur Wahl?
- ○ Versendet der Logistikdienstleister nach Europa/in alle Welt?

- ○ Hilft er bei den Zoll- und Ausfuhrbeschränkungen?
- ○ Gibt es einen Fulfillment-Service?

Logistikdienstleister in Deutschland

- **DHL Paket:** Bei Geschäftskunden mit einer Sendungsmenge ab 200 Paketen pro Jahr vereinbart DHL Paket individuelle Preise, in die unterschiedliche Faktoren einfließen, beispielweise Sendungsmenge und Services. Bereits bei Versandmengen ab 50 Paketen pro Jahr können die Geschäftskunden von vergünstigten Sparsets für den nationalen und internationalen Versand bis 31,5 Kilogramm profitieren. Die Haftung bis 500 Euro pro Paket ist ebenfalls inklusive. Darüber hinaus kann der Versender noch eine Reihe von Services auswählen wie zum Beispiel die Paketankündigung oder Alters- und Identitätsprüfung. Zudem kann der Händler die Retourenlösung auswählen, die für ihn am besten passt: 1. Jeder Bestellung wird bereits ein Retourelabel beigelegt. 2. Die Retoure wird automatisch bei dem Kunden abgeholt, sobald er sich beim Kundenservice des Händlers gemeldet und die Rücksendung beauftragt hat oder 3. Der Kunde erhält das Retourelabel online.
- **DPD:** Die Preise werden kundenindividuell angeboten und verhandelt und sind von einer Vielzahl von Parametern abhängig. Pakete sind bis 520 Euro versichert. Die Regellaufzeit beträgt ein bis zwei Tage, meist ist das Paket jedoch innerhalb von 24 Stunden beim Empfänger. DPD holt die Sendungen beim Händler ab und gewährt auch Mengenrabatte.
- **GLS:** Die Preise für Vertragskunden richten sich bei GLS nach der jeweiligen Versandstruktur. Hat der Versender keine Transportversicherung abgeschlossen, haftet GLS über die gesetzlich geregelte Haftung hinaus bis zum Warenwert, maximal bis 750 Euro pro Paket. Vertragskunden können bei Bedarf eine höhere Haftung vereinbaren. Die Regellaufzeit einer nationalen Lieferung beträgt weniger als 24 Stunden. Für Vertragskunden ist die Abholung im Versandpreis inbegriffen, es sei denn, individuell werden abweichende Vereinbarungen getroffen. Privatkunden und Kleingewerbetreibende ohne Vertrag können ihre Pakete bei Bedarf über die Onlinelösung EasyStart abholen lassen. Die Haus-

Tabelle 6: Logistikdienstleister im Überblick

	DHL	DPD	GLS	Hermes	UPS
Website des Anbieters	www.dhl.de	www.dpd.de	gls-group.eu	www.myhermes.de, www.hermesworld.com	www.ups.com/de
Anzahl Annahmestellen	29000	> 5000	rund 5000 GLS PaketShops	mehr als 14000 PaketShops	ca. 2900 (für bereits mit einem Versand-label versehene Sendungen)
Beauftragung der Abholung per Internet	ja	ja (www.dpdweb paket.de)	ja (Online-Portal EasyStart)	ja (www.myhermes.de)	ja (oder telefonisch)
Ausdrucken des Paketscheins online möglich	ja	ja	ja	ja, zusätzlich mobiler Paketschein via Smartphone möglich	ja
Abholung der Pakete	ja, nach Beauftragung	ja	ja, bei Vertragskunden inklusive, bei sporadischen Versendern 4 Euro pro Abholung (unabhängig von der Paketanzahl)	ja, Haustürabholung möglich	ja
Sendungsverfolgung möglich	ja	ja, inklusive Zustellprognose bis auf 30 Minuten genau	ja, per App, Website oder Telefon, teilweise auch über den Versender (Webservices)	ja, immer inklusive	ja
Standardhaftung (Euro)	500 EUR	520 Euro	750 Euro, für Vertragskunden Höherhaftung möglich	Päckchen: 50 EUR, alle anderen Paketklassen: 500 EUR	510 Euro (höhere Versicherung ist möglich)
Zustellversuche	2	bis zu 3	maximal 2 (wenn kein GLS PaketShop verfügbar ist, in dem das Paket alternativ zugestellt werden kann)	bis zu 4	bis zu 3 (wenn kein UPS Access Point in der Nähe sein sollte. Ansonsten erfolgt die Zustellung in den UPS Access Point. Der Empfänger kann dann entscheiden, wie weiter verfahren werden soll. Er kann die Sendung dort abholen, einen neuen Zustellversuch oder eine Umleitung veranlassen.)
Lieferung an Filialen, PaketShops oder Packstationen	ja	ja (DPD Paket-Shops)	ja (GLS PaketShops)	sofern vom Versandhändler beauftragt, können Privatkunden sich die Sendungen an einen PaketShop ihrer Wahl senden lassen, zudem ist jederzeit die Vereinbarung eines Wunschablageorts möglich (per Abstellgenehmigung)	ja (an UPS Access Points)
Lagerung nicht zugestellter Sendungen in Filiale, PaketShop oder Packstation (Tage)	7 Kalendertage	7 Werktage (Empfänger werden nach vier Tagen per Mail erinnert, sofern Kontaktdaten vorliegen)	9 Werktage im PaketShop, 6 Kalendertage im Depot (nach vergeblichem zweiten Zustellversuch)	bis zu 10 Kalendertage im PaketShop	10 Kalendertage im UPS Access Point (Ausnahme: Nachnahmesendungen. Hier gibt es bis zu drei Zustellversuche)

türabholung von EasyStart-Paketen kostet pro Auftrag vier Euro, egal wie viele Pakete versendet werden. Die regelmäßige Paketmenge ist bei Vertragskunden ein mögliches Kriterium der Preisbildung.

- **Hermes:** Die Preise, Tarife und Versicherungssummen für Geschäftskunden werden individuell verhandelt und hängen von verschiedenen Faktoren wie etwa der jährlichen Sendungsmenge ab. Die Laufzeit hingegen beträgt grundsätzlich ein bis zwei Tage, wobei Hermes gegen Aufpreis zusätzlich eine 24-Stunden-Zustellung anbietet (nur für geschäftliche Auftraggeber, nicht für Privatpersonen). Zusatzleistungen wie beispielsweise die Zustellung an einem bestimmten Tag oder in einem fest definierten, frei wählbaren Zeitfenster sind ebenfalls individuell.

- **UPS:** Preise und Laufzeiten können Händler auf der Webseite des Unternehmens kalkulieren. UPS bietet verschiedene Versandoptionen (Standard und Express) für nationale und internationale Sendungen sowie Dienstleistungen über den Transport hinaus an, unter anderem Hilfe bei der Verzollung und auch Sammelverzollung, nationale und internationale Nachnahme und verschiedene Optionen für Retouren. Auch Frachtsendungen gehören zum Serviceportfolio. Individuelle Preise und Vereinbarungen wie etwa spätere Abholzeiten oder eine höhere Versicherung von Sendungen (Standard bis 510 Euro) sind möglich.

  Alle Angaben Stand Frühjahr 2015

Weitere Informationen zu Logistikdienstleistern finden Sie unter folgendem Link:

www.derhandel.de/PraxisfuehrerE-Commerce

Marketing: Klappern gehört zum Handwerk

Der schönste Onlineshop nützt nichts, wenn keiner weiß, dass er existiert. Deshalb ist es die zunächst wichtigste Aufgabe im Onlinehandel, den Webshop für die Netzwelt überhaupt sichtbar zu machen. Der Händler sollte also eine günstige Position in den Suchmaschinen anstreben – in der Ergebnisleiste oben auf der ersten Seite. Hat der Webshopbesucher dann tatsächlich etwas gekauft, kommt die nächste Hürde: Der Händler muss ihn mit verschiedenen Marketingaktionen zu einem „treuen" Kunden machen, der wiederkommt und bestenfalls den Shop weiterempfiehlt. So sind die technischen Basics im Onlineshop ein Muss; aber die (emotionale) Kundenansprache ist zum **entscheidenden Erfolgsfaktor** im Internetgeschäft geworden. Und eine alte Verkaufsweisheit besagt: Es ist sieben Mal schwieriger, mit einem Neukunden Umsatz zu erzielen als mit einem Bestandkunden. Dementsprechend teurer ist es auch.

Um eine etwas abgenutzte Floskel zu bemühen: Im Internet ist der Wettbewerber nur einen Klick entfernt. Damit der Onlinehändler sich von anderen absetzen kann, sollte er das Marketing als einen zwar teuren, aber auch **sinnvollen Kostenblock** einrechnen. Unerlässlich ist, dass er im Vorfeld eine Strategie festlegt, den Erfolg einer jeden einzelnen Werbemaßnahme sorgfältig analysiert und überprüft und gegebenenfalls das Budget seiner Zielgruppe entsprechend umschichtet und anpasst. Schließlich kennt der Händler alle seine Kunden anhand der Daten und „Spuren", die sie im Webshop hinterlassen, ziemlich gut.

Damit der Spaß für den Kunden nicht zu kurz kommt, sollte der Verkäufer trotz aller klugen Logarithmen, die er auswerten kann, auch weiterhin auf sein **Bauchgefühl** hören. Denn der Kunde will individuell wahrgenommen und angesprochen werden – und nicht als zielgruppenoptimierter Besucher. So schadet es ganz und gar nicht, den jeweiligen Ansprechpartnern an Berührungspunkten wie einer Hotline, einem Blog oder in sozialen Netzwerken mit einem Foto ein „Gesicht" zu geben: Menschen wollen mit Menschen reden, nicht mit Maschinen.

Ganz wichtig: Multichannel-Händler sollten nicht vergessen, auch **lokal** für den Onlineshop oder die Website zu „klappern". Das kostet nicht viel und ist für Stammkunden eine gute **Serviceergänzung** – und Ortsfremde fassen schneller Vertrauen, weil sie wissen, dass der Onlinehändler stationär tatsächlich „greifbar" ist.

Suchmaschinenoptimierung

Suchmaschinen arbeiten nach einem bestimmten Algorithmus, der von den Betreibern streng geheim gehalten wird. Insgesamt sollen es mehr als 1000 Einzelkriterien sein, die bei der Platzierung einer Internetpräsenz eine Rolle spielen. Da diese Kriterien regelmäßig geändert oder anders gewichtet werden, unterliegen die Suchmaschinenergebnisse einer **enormen Dynamik**. Das Optimieren einer Seite sollte damit einem ständigen Überwachungs- und Bearbeitungsprozess unterliegen.

Da der Internetsuchende meist nur oben auf die erste Ergebnisseite schaut, ist das Ziel des Onlinehändlers, genau dort – auf der ersten Seite möglichst weit oben – aufzutauchen, um gefunden zu werden. Da die Suchmaschinenbetreiber sich nur dem Suchenden verpflichtet fühlen, ist für die **Top-Platzierung** beispielsweise bei Google unter anderem der „Pagerank" entscheidend, der anzeigt, für wie relevant der Suchmaschinenanbieter eine Seite hält. Dabei bedeutet das englische Wort „Page" im Übrigen nicht etwa „Seite", wie man denken könnte, sondern ist so nach Larry Page, einem der beiden Gründer der Suchmaschine Google, benannt.

Ein Händler sollte selbst sicherstellen, dass er gut gefunden wird, ohne gleich eine Agentur zu beauftragen, die auf Suchmaschinenoptimierung spezialisiert ist, denn grundsätzlich bestraft der unangefochtene Marktführer Google inzwischen alles, was nach **technischer Trickserei** aussieht. Relevant wird ein Shop für den Suchmaschinenbetreiber unter anderem, wenn viele Seiten auf das Webangebot verweisen: Dazu sollte der Onlinehändler beispielsweise in öffentlichen Webforen auftauchen, weil diese oft von vielen privaten Webseiten verlinkt werden, die sich mit den Themen des entsprechenden Forums beschäftigen.

Wer schnell gefunden werden will, sollte sich darüber hinaus auf **konkrete Suchwörter** konzentrieren, die Sprache seiner Kunden sprechen und verschiedene Schreibweisen wie zum Beispiel „Online-Handel" und „Onlinehandel" beachten.

Die beste Suchmaschinenoptimierung ist es, relevante, gute, „seriöse" Inhalte zu haben. So lohnt es sich, etwas Mühe in die einzelnen **Produktbeschreibungen** zu investieren, statt den immer gleichen Inhalt zu kopieren: Gute Überschriften, Unterzeilen, Zwischenüberschriften und Aufzählungen sind hilfreich für ein gutes Ranking, im ersten Absatz sollten die **aussagekräftigsten Informationen** auftauchen. Einfach nur Schlüsselbegriffe („Keywords") hintereinander zu reihen wird hingegen genauso abgestraft wie statische Inhalte. Dementsprechend sollte der Händler den Webshop regelmäßig auch inhaltlich pflegen und prüfen, ob Inhalte, Links und Technik nach wie vor aktuell und korrekt sind. Zudem spielt die bereits erwähnte „Usability", also die **Nutzerfreundlichkeit**, inzwischen eine gewichtige Rolle: Verweilen die Besucher zu kurz und ist die Absprungrate insgesamt zu hoch, wirkt sich das negativ auf die Listung der Webseite in den Suchmaschinen aus – wie im Übrigen auch, wenn die Werbung im Vergleich zum Inhalt als zu dominant bewertet wird.

Zudem wirken weiterführende Medieninhalte wie Links, eingebettete Bilder und Videos auf die Logarithmen seriös. Auch Pro und Kontra zu den Produkten und ein Blog, der ständig neue Inhalte „produziert", sind vorteilhaft. Zudem werden **soziale Netzwerke** mehr und mehr zum strategischen Trend in der Suchmaschinenoptimierung: Die Suchmaschinen belohnen Dinge wie „Gefällt-mir"-Buttons, von den Nutzern elektronisch gesetzte Lesezeichen („Bookmarks") oder Weiterleitungen.

Google zeigt zudem inzwischen die (möglichen) Ergebnisse an, während der Nutzer den Suchbegriff noch tippt. Neben dieser **„Instant Search"** genannten Funktionalität, die die Suche beschleunigt, sollen auch immer mehr für den Nutzer relevante Informationen bestmöglich auf dem Suchbildschirm verteilt werden. Neben den Informationen, die die Suchmaschine bei dem eigenen sozialen Netzwerk Google+ findet, sind dies bei den Anzeigen **„Google AdWords"** auch Produktbilder in der rechten Anzeigenspalte, Telefonnummern sowie Angaben zum Bestand oder Bewertungen im Umfeld der Produktanbieter. Onlinehändler können also ihre Chancen verbessern, wenn sie die Suchmaschine mit möglichst vielen dieser Daten „füttern". Das bedeutet konkret, dass der Händler möglichst **umfassende Produktdaten und Bildbeschreibungen** in seinem Webshop pflegt.

Die heutige Smartphone-Dichte führt dazu, dass das Internet inzwischen auch oft mobil genutzt wird. Eine für mobile Endgeräte optimierte Sucheingabe und Ergebnisdarstellung reicht allerdings nicht: Denn Kunden suchen von unterwegs, was es in ihrer näheren Umgebung so alles gibt – ob Shopping, Restaurants oder

Geldautomaten. Eine **für mobile Endgeräte optimierte** Seite muss also „schlank" sein, damit sie sich auch über das Handy schnell aufbaut, und Informationen über das eigene lokale Angebot bieten. Wenn die Nutzer künftig vermutlich immer öfter Suchworte einsprechen statt sie einzutippen, sollte der Händler komplizierte Worte und Namen vermeiden.

Mit den kostenlosen sogenannten **Webmaster-Tools** von Google kann der Händler prüfen, welche Internetseiten auf die eigene Domain verlinken und zu welchen Suchbegriffen die eigene Domain in der Google-Suche gefunden wird. Er kann erkennen, ob Google beim sogenannten „Crawling", dem Durchforsten des Internets, Probleme hat, und wenn ja, welche.

Gefunden werden: Nicht nur für Onlinehändler

Wer denkt, Suchmaschinenoptimierung sei nur etwas für Onlinehändler, der irrt. Denn **auch stationäre Händler**, die mit dem Internet eigentlich nichts am Hut haben, sollten zumindest einen Firmeneintrag bei Google, der Suchmaschine mit einem Marktanteil von knapp 95 Prozent, hinterlegen. Rund ein Fünftel aller Suchanfragen hat nach Angaben von Google einen lokalen Bezug. Dementsprechend wird nur der Händler gefunden, der im Netz sichtbar ist, beispielsweise, wenn Ortsfremde mithilfe ihres Smartphones eine Apotheke suchen oder treue Kunden sich vergewissern wollen, wie lange der Herrenausstatter am Samstag geöffnet hat. Wichtig sind dabei **Serviceangaben** wie beispielsweise die korrekte Adresse, Öffnungszeiten, Telefonnummer, Anfahrt und ob Parkplätze vorhanden sind.

Jede 5. Suchanfrage
im Netz hat nach Angaben von Google einen lokalen Bezug.

Ein Eintrag bei **Google My Business** kostet den Händler nichts. Die Unternehmensangaben tauchen dann überall bei dem Internetunternehmen auf: in der Google-Suche, in Google Maps und auf dem sozialen Netzwerk Google+. Um eine lokale Seite zu erstellen, benötigt man zunächst ein (ebenfalls kostenloses) Google-Konto. Dann stehen bei My Business für lokale Unternehmen zwei Kategorien zur Auswahl: „Unternehmen mit Ladenlokal" für Händler oder „Unternehmen mit Einzugsgebiet" für Dienstleister wie Handwerker oder Lieferservices. Der

Händler gibt den Namen an, die Anschrift und Telefonnummer sowie Öffnungszeiten und, wenn vorhanden, die Homepage. Zudem hat er die Möglichkeit, ein Unternehmensprofil einzugeben. Es ist ratsam, dieses Profil so ausführlich wie möglich zu gestalten und Google alle **relevanten Informationen** zur Verfügung zu stellen – denn das gibt **Pluspunkte im Ranking** des Suchalgorithmus, sodass das Unternehmen weiter oben angezeigt wird. Wenn dann ein Smartphone-Besitzer beispielsweise die Begriffe „Jeans" und „Hamburg" in der Hansestadt eingibt, listet Google automatisch Boutiquen in seiner Nähe auf. Google ist eigenen Angaben zufolge alleine dem Nutzer verpflichtet und will ihm die richtigen Informationen zur richtigen Zeit geben – seien es der Anfahrtsweg zu dem Geschäft in Google Maps, die Öffnungszeiten in der Google-Suche oder eine Telefonnummer, auf die der Smartphone-Besitzer nur zu tippen braucht, um dort direkt anzurufen. Da Google nach eigenem Bekunden sicherstellen will, dass die Informationen korrekt sind, muss der Händler die Registrierung bestätigen. Die meisten Unternehmen wählen Google zufolge die Bestätigung per Postkarte, auf der ein Code steht, mit dem der Unternehmenseintrag freigeschaltet werden kann. In bestimmten Fällen geht das auch telefonisch.

Einheitliche Einträge in Verzeichnissen

Neben dem Firmeneintrag in Google My Business sollte der Unternehmer sich noch in **anderen Online-Branchenbüchern** wie gelbeseiten.de, meinestadt.de oder dasoertliche.de und Verzeichnissen wie dem Bewertungsportal yelp.de registrieren. Denn Google nutzt die dort hinterlegten Informationen ebenfalls und stuft das Unternehmen schneller als „seriös" ein. Dabei muss der Unternehmer aber darauf achten, dass die Adressdaten in allen Einträgen einheitlich sind: Schon eine andere Schreibweise der Telefonnummer kann zu einer Abstrafung des Algorithmus führen.

Google+

Unternehmer sollten sich ebenfalls auf dem sozialen Netzwerk Google+ präsentieren. Zum einen hilft auch das wieder, **in den Suchergebnissen besser gelistet** zu werden. Zum anderen ist ein Eintrag in dem sozialen Netzwerk ein weiteres **Marketinginstrument** – und der Händler behält im Auge, was die Kunden über ihn denken und kann darauf reagieren. Denn Google listet in den normalen Suchergebnissen wie auch in **„Google+ Local"** Empfehlungen auf. Die **Erfahrungsberichte** von Kunden werden dort auf einer Fünf-Punkte-Skala bewertet. Dies soll den Nutzern einen schnellen allgemeinen Eindruck von einem Geschäft oder Restaurant verschaffen. Zudem werden dem Suchenden auch Empfehlungen von Bekannten aus seinem Netzwerk angezeigt, sodass er besser einschätzen kann, ob ihm der Händler vielleicht auch gefallen könnte.

Grundsätzlich sollte der Unternehmer seine **Kunden auffordern**, Bewertungen abzugeben, denn der Suchalgorithmus honoriert gute Bewertungen mit einer höheren Platzierung bei den Suchergebnissen. Händler müssen im Übrigen keine Angst vor der Meinung der Kunden haben: Wenn eine Bewertung mal nicht so gut ausfällt, hat der Händler hier immerhin die Möglichkeit, mit dem unzufriedenen Kunden zu kommunizieren und den Sachverhalt zu klären. Und **Vorsicht**: Händler sollten nicht auf die Idee kommen, Bewertungen zu manipulieren oder Einträge zu fälschen. Zum einen kann Google Manipulationen aufdecken und bestraft sie. Zum anderen fallen auch den potenziellen Kunden derlei Fälschungen schnell auf. Ab Seite 135 widmen wir uns diesem wichtigen Thema noch ausführlicher.

Nachgefragt bei ...

Burkhard Leimbrock, General Manager Germany/Austria bei der Onlinemarketing-Agentur für lokale Unternehmen ReachLocal. Der ehemalige Google-Manager ist Vizepräsident im Bundesverband Digitale Wirtschaft (BVDW).

Wie kann ein stationärer Händler besser gefunden werden?

Zuallererst sollte er eine Website haben, um mit seinen Kunden zu kommunizieren. Da viele Leute online nach stationären Läden suchen, und das auch immer selbstverständlicher von unterwegs mit dem Smartphone, muss die Seite auf jeden Fall für mobile Geräte optimiert sein. Denn nichts ist nerviger, als wenn man auf dem Handy schnell etwas nachschauen will und die Seite sich gar nicht oder nur langsam aufbaut. Zudem kann sich ein Händler bei Google Places eintragen, um bei Google Maps gelistet zu werden, und bei dem Social Network Google+ anmelden, beides kostet den Händler nichts. Darüber hinaus können stationäre Händler auch bezahlte Suchmaschinenwerbung nutzen, zum Beispiel in Kombination mit der sogenannten „Call-Tracking-Technologie“. Dadurch erhalten sie mehr „Leads“, die sie direkt in stationäre Kunden umwandeln können. Mit modernen Tools können Händler messen, welches Keyword ihnen wieviel Anrufe und wieviel Neukunden gebracht hat.

Gefunden werden

- Ausführliches Profil bei Google My Business anlegen
- Bei sozialen Netzwerken wie Facebook und Google+ registrieren
- Das Geschäft in weitere Onlineverzeichnisse eintragen
- Einträge in allen Verzeichnissen einheitlich gestalten
- Daten immer aktuell halten
- Kunden um Bewertungen bitten
- Bewertungen im Blick haben
- Manipulationen unterlassen

Suchmaschinen in Deutschland

- **Google:** Die Suchmaschine Google wurde 1998 von den beiden Studenten Larry Page und Sergey Brin ins Netz gestellt. Aufgrund der einfachen Darstellung der Ergebnisse und der im Vergleich zu anderen Suchmaschinen sehr gezielten Anzeige von Ergebnissen, die den Suchenden interessieren, was unter anderem mit dem guten Filter nach der Relevanz einzelner Webseiten zusammenhängt, ist Google mittlerweile die erfolgreichste Suchmaschine der Welt. Anfang 2015 liefen knapp 95 Prozent aller Suchanfragen über Google, weshalb Händler ein besonderes Augenmerk auf die Optimierung ihrer Website oder Webshops auf diese Suchmaschine legen sollten.
- **Bing:** Der Softwarhersteller Microsoft hat 2009 die neue Suchmaschine Bing vorgestellt. Die Entwickler von Bing sehen ihr Produkt nicht als Internetsuche im eigentlichen Sinn, sondern als Entscheidungsmaschine: Sie soll dem Nutzer nicht einfach nur Ergebnisse liefern, sondern auch Hilfestellung bei Entscheidungen anbieten. Werbung bei Bing Ads zu schalten funktioniert ziemlich genau so wie bei Google Ads. Der Marktanteil der Microsoft-Suchmaschine

betrug Anfang 2015 in Deutschland knapp 2,5 Prozent. Dieser Anteil mag sich bald erhöhen, denn Apple hat im Juni 2014 angekündigt, in der nächsten Version der Betriebssysteme für Mac-Computer und die mobilen Geräte iPhone und iPad ebenfalls Bing als Suchmaschine zu installieren.

- **Yahoo:** Yahoo wurde 1994 von Jerry Yang und David Filo gegründet. Ursprünglich war die Seite ein Webverzeichnis, inzwischen bietet das Internetportal zahlreiche Dienste und Produkte wie E-Mail, Nachrichten, Flickr, Messenger und so weiter in mehr als 20 Sprachen an. 2009 ist Yahoo eine Kooperation mit Microsoft eingegangen und hat die Bing-Suche in das eigene Portal integriert. Anfang 2015 wickelte Yahoo knapp 1,7 Prozent der Suchanfragen in Deutschland ab.

- **T-Online:** T-online.de gehört zu den am meisten besuchten Webseiten im deutschsprachigen Raum – denn das Internetportal der Deutschen Telekom AG vermarktet Internettarife, hat eine eigene Internetzugangssoftware und bietet den Nutzern eine Vielzahl anderer Dienste wie Nachrichten, Shopping und Homebanking. Dementsprechend wird auch die in Kooperation mit Google bereitgestellte T-Online-Websuche genutzt. Der Suchmaschinen-Marktanteil von T-Online betrug Anfang 2015 rund 0,75 Prozent.

- **Ask.com:** Die Suchmaschine Ask.com wurde 1996 zunächst unter dem Namen „Ask Jeeves" auf den Markt gebracht, als Anspielung auf eine allwissende Romanfigur des Schriftstellers P. G. Wodehouse. Bei Ask.com können daher auch komplette Fragen eingeben werden. In den USA ist Ask.com eine häufig genutzte Suchmaschine, die seit 2006 verfügbare deutsche Version verzeichnete Anfang 2015 einen Suchanfragen-Marktanteil von weit unter einem Prozent.

- **AOL:** AOL wurde 1985 zunächst unter dem Namen Quantum Computer Services gegründet, 1988 wurde das Unternehmen in America Online umbenannt. Neben der Software bietet AOL seinen Kunden auch eigene Inhalte an. Im Jahr 2000 war AOL mit 30 Millionen zahlenden Mitgliedern der größte Anbieter von Internetzugängen weltweit, in Deutschland warb das Unternehmen damals „AOL – Alles OnLine". Inzwischen ist AOL in Deutschland eine Mischung aus Nachrichtenportal und Suchmaschine mit einem Marktanteil von weit unter einem Prozent.

- **Web.de:** Das Internetportal Web.de wurde 1995 zunächst als redaktionell geführtes Webverzeichnis gegründet. Inzwischen vereint Web.de eine Vielzahl von Diensten wie Freemail, Web.de Club und Suchmaschinen. Die Web.de GmbH ist eine Tochter der United Internet AG und generiert ihre Einnahmen überwiegend über die Vermarktung von Onlinewerbung.

- **GMX:** GMX ist 1997 als Anbieter von Maildiensten gestartet, wurde aber schrittweise zu einem komplexen Internetportal ausgebaut. Neben einer Suchmaschine gehören auch Dienste wie ein VoIP-Provider für Internettelefonie dazu, ein Instant Messanger für die sofortige Nachrichtenübermittlung sowie über Kooperationen mit Drittanbietern bereitgestellte Internetzugänge.
- **Search.com:** Die von dem Medienkonzern CBS Interactive betriebene Website Search.com ist eine sogenannte Meta-Suchmaschine. Das bedeutet, dass sie eine Anfrage an mehrere andere Suchmaschinen weiterleitet, deren Ergebnisse sammelt und auf einer einzelnen Seite aufbereitet.

Quelle Marktanteile: SEO-united.de: Suchmaschinenverteilung in Deutschland, http://www.seo-united.de/suchmaschinen.html (Stand Mai 2015).

Werbung in Suchmaschinen

Unternehmen können bei Suchmaschinen **Anzeigen** schalten, die genau in dem Moment in Erscheinung treten, wenn der Surfer über ein Schlüsselwort ein Produkt sucht. Der Vorteil: Der Händler zahlt in aller Regel nur dann, wenn der Nutzer tatsächlich auf die Anzeige klickt.

Google bietet die sogenannte **AdWord-Werbung** an, bei der Unternehmen in Verbindung mit einem Schlüsselbegriff – auch „Keyword" oder eben „AdWord" genannt – werben. Um zu werben, muss der Händler zunächst ein AdWords-Konto anlegen, Schlüsselwörter „buchen" und mit seiner Werbeanzeige verknüpfen. Dann erscheinen kleine Textanzeigen von drei Zeilen Länge mit der Internet-Adresse (URL) des Werbenden – und zwar immer dann, wenn ein Internetnutzer in das Suchfeld der Suchmaschine den jeweiligen Schlüsselbegriff eingibt. Das können im Übrigen auch stationäre Händler, die keinen Webshop betreiben.

Der Vorteil für den Werbetreibenden: Die Anzeige wird nur den Nutzern gezeigt, die sich für das spezielle Thema interessieren. Wirbt der Händler also über AdWords, muss er nicht nach seiner Zielgruppe suchen, sondern seine Zielgruppe findet sozusagen ihn.

Der Händler zahlt in aller Regel nur dann, wenn der Nutzer tatsächlich auf die Anzeige klickt. Zudem kann der Werbetreibende die **Kosten im Blick** halten: Er legt fest, welchen Preis pro Klick er zahlen will. Um auf einem der begehrten Spitzenplätze zu landen, gilt die Faustregel: Je spezieller und konkreter das Stichwort, desto höher ist die Chance, bei der Suchanfrage auf der Pole Position bei Google zu landen.

Allerdings können solche Stichwörter inzwischen durchaus **einige Euro pro Klick** „wert" sein. Weil sich nach diesem Gebot des Werbetreibenden die Platzierung in der Suchmaschine richtet, haben es je nach Branche viele finanzstarke Unternehmen auf dasselbe, **lukrative Suchstichwort** abgesehen; eine Top-Position ist für kleinere Händler somit bisweilen unerschwinglich. Denn bezahlt wird per Klick – gekauft hat der Interessent dann noch lange nichts.

Ein Vorteil ist allerdings die Kostenkontrolle: Der Werbetreibende kann ein Budget festlegen, beispielsweise ein Limit von fünf Euro am Tag oder 50 Euro im Monat. Außerdem erhält der Werbende eine Auswertung jedes Klicks inklusive einer Effizienzmessung über die kostenlosen **Statistik- und Analyse-Tools** von Google AdWords.

Google Shopping

Auch bei „Google Shopping" können Händler **Anzeigen schalten** und einzelne Produkte bewerben. Anders als bei den klassischen Anzeigen auf der rechten Seite der Webseite tauchen die gesuchten Produkte oben mit Foto **auf der Ergebnisseite** auf. Händler können somit besser Produktinformationen ausspielen und beispielsweise Fotos und Preisinformationen bewerben, die für den Nutzer besonders relevant sind, wirbt Google. Außerdem werden sie auch auf Mobiltelefonen und Tablets ausgespielt.

Anzeigen: Klassisch versus Shopping

Die klassischen Anzeigen, die kein konkretes Produkt, sondern den Shop selbst bewerben, haben einige Vorteile. Zum Beispiel lassen sie sich besser steuern und erscheinen auch bei generischen, abstrakteren Suchbegriffen, bei denen die Werbung für ein konkretes Produkt nicht passen würde. Mit klassischen Anzeigen werden somit diejenigen Surfer zum Klick bewegt, die erst einmal in einer Oberkategorie suchen. Außerdem können Händler die „allgemeinen" und die Produktanzeige parallel schalten, um die Sichtbarkeit des Angebots zu vergrößern.

Landingpage statt Startseite

Die sogenannte Landingpage, auf Deutsch in etwa **„Landeseite“**, ist eine speziell eingerichtete Website, die den Kunden nach dem Klick auf einen Eintrag in einer Suchmaschine wie Google oder Bing in Empfang nimmt. Sie konzentriert sich, anders als die normale Website des Webshops oder der Internetauftritt des Händlers, auf ein **spezielles Thema** oder ein **bestimmtes Angebot**, das dem Kunden ohne Ablenkung vorgestellt wird. Wenn beispielsweise ein Textilhändler Produkte einer bestimmten Kleidermarke günstiger anbietet und dieses Angebot auch in Newslettern, Blogs und sozialen Medien sowie mit entsprechenden Schlüsselbegriffen in Suchmaschinen bewirbt, bietet sich eine solch **fokussierte Website** an. Wichtig ist, dass der Händler sogenannte „Response Elements“ wie Anfrageformular, Link zum Webshop oder einen Telefonrückruf-Button („Call-Back“) integriert, um eine möglichst **einfache Interaktion** mit dem Onlinebesucher sicherzustellen. Ganz nebenbei haben diese konzentrierten Landingpages noch den Vorteil, dass Google themenfokussierte Seiten mit klar erkennbaren Schwerpunkten bevorzugt; somit kommen sie dem **Ranking** und der Sichtbarkeit der Website zugute.

83 Prozent
der Internetunternehmer sind der Meinung, dass Suchmaschinen zusehends zum Türöffner für E-Commerce werden, und zwar getreu dem Motto: „Suchen – Finden – Kaufen.“
Quelle: eco Suchmaschinen- und SEO-Trends 2013/14 (2014).

Klassische Onlinewerbung

Als die ersten Werbebanner entwickelt wurden, konnten aufgrund der damaligen Browsertechnologie nur starre, nicht animierte Grafiken angezeigt werden. Doch dann lernten die Banner „laufen“: Die Werbung wird als Grafik- oder Animationsdatei in die Website eingebunden. Wer auf den **Banner** klickt, bei dem ein sogenannter Hyperlink hinterlegt ist, wird auf die Website des Werbenden weitergeleitet. Die Banner können in die Seite eingebettet werden, legen sich aber immer öfter auch für einige Sekunden über die Seite.

Die Betreiber der Internetseite verdienen entweder daran, wie oft das Banner des werbenden Unternehmens bei dem Besuch der Seite eingeblendet wurde, oder aber, wie oft Besucher auf das geschaltete Banner geklickt haben. Zudem kann der werbende Händler auch eine „Erfolgsprämie" zahlen. Dann bekommt der Internetseitenbetreiber erst Geld, wenn eine Bestellung in dem Onlineshop eingegangen ist. Die sogenannte **Konversionsrate** gibt an, wie viel Prozent der Klicks auf einen Banner tatsächlich zu einer Bestellung geführt haben.

Für Onlinehändler kann die Bannerwerbung bei Portalen und Foren, die die Zielgruppe des Händlers frequentieren, durchaus sinnvoll sein. Doch Vorsicht: Werbebanner sind heutzutage fast immer animiert. Die Bewegung und das Blinken werden von den Surfern aber **oft als störend** empfunden.

Gutscheine und Bonusprogramme

Gutscheine und Bonusprogramme sind eine gute Möglichkeit, **neue Kunde**n zu gewinnen und die Beziehung zu **bestehenden Kunden** zu pflegen. Denn die Coupons und Treueangebote bedienen sich psychologischer Tricks: Der Mensch spart gerne, wird gerne überrascht und will das Gefühl haben, „clever" zu sein – Rabattangebote lassen die Kaufhandlung also positiver erscheinen. Und für den Händler haben Gutscheinaktionen den Vorteil, dass die Kosten im Vergleich zu anderen Werbeformen verschwindend gering sind.

Webshopbetreiber können beispielsweise für den ersten Einkauf eines Kunden einen Rabatt gewähren und den **Gutschein** an einen Mindestumsatz knüpfen – oder besonders treue Kunden mit Nachlässen belohnen. Auch mit **Freundschaftswerbungen** kann er neue Kunden gewinnen: Wenn ein Bestandskunde den Gutschein im Bekanntenkreis verteilt und einen neuen Kunden wirbt, bekommen sowohl der Werbende als auch der Geworbene eine Belohnung.

Kennt der Händler seine Kunden besser, kann er ihnen Coupons für Produkte anbieten, die diesen interessieren könnten – beispielsweise Rabatte auf die neue Kollektion oder ausgewählte Produkte. Die Aussendung des **personalisierten Coupons** sollte mit einem vorangegangen Kauf verknüpft werden, der nicht zu lange zurückliegt – leicht zeitversetzt nach dem Erhalt der Sendung. Der Händler kann den Coupon auch einer Bestellung beilegen. Das ist dann etwas teurer als per Mail, weil Druckkosten und je nach Aufwand Kosten für Design, Satz und Text anfallen.

Händler können sich auch zusammentun, um Gutscheine für die **Neukundengewinnung** unters Shoppingvolk zu bringen. Nimmt beispielsweise ein Weinhändler in seinem Webshop eine Bestellung an, kann er noch während des Bestellvorgangs den Gutschein eines Delikatessenhändlers anzeigen oder, wenn er die Bestellung rausschickt, einen Papiergutschein dazu legen – und umgekehrt.

Inzwischen gibt es auch eine Reihe von **Portalen mit Gutscheincodes**, beispielsweise deals.com, deals.de, gutscheine.de, sparwelt.de und gutscheinpony.de. Diese reichweitenstarken Plattformen bieten den Kunden die Gutscheine kostenlos an und kosten den Händler eine vergleichsweise geringe Provision, wenn das Portal den Kunden in den Webshop lotst und dieser etwas kauft. Allerdings sind auf diesen Portalen vor allem Schnäppchenjäger unterwegs, Stammkunden erreicht der Händler auf diesem Weg eher selten.

Damit eine **Couponing-Aktion erfolgreich** ist, sollte der Händler möglichst viele Informationen über den Kunden sammeln, damit er ihm ein individuell passendes Angebot machen kann. Dabei ist es nicht nur wichtig, die Bestellhistorie des Kunden zu kennen und auszuwerten, sondern auch die Rückläufe und somit den Erfolg einer jeden Aktion zu analysieren. Um ein Gefühl dafür zu bekommen, wie gut das jeweilige Angebot auf die Kundenbedürfnisse zugeschnitten war, muss der Händler auch die Streuverluste festhalten – wenn mindestens jeder 15. Kunde seinen Coupon eingelöst hat, lief eine Aktion beispielsweise ganz gut.

Best Practice
Sporthaus Schuster: Virtuelle Gipfelstürmer

Das Sporthaus Schuster in der Rosenstraße am Marienplatz wurde 1913 von Bergsportspezialist August Schuster gegründet und befindet sich nach wie vor in Familienbesitz. Von Anfang an gab es einen Katalog, der Internetshop in der jetzigen Form ist seit 2011 online. Der Einzelhändler präsentiert seinen Kunden nach dem Umbau im Jahr 2006 als „größtes Sporthaus des Südens" auf rund 5000 Quadratmetern Verkaufsfläche und sieben Stockwerken mehr als 20000 Produkte namhafter Markenhersteller aus den Kategorien Urban & Aktiv, Outdoor & Schnee und Fels & Eis. Kletterbegeisterte können während ihrer Shoppingtour eine 25 Meter hohe Kletterwand bezwingen, denn das Haus wurde wie ein echter Berg aufgebaut. Der Deutsche Alpenverein veranstaltet dort auch Kletterkurse und hat am „Gipfel" des Hauses eine Servicestelle, über die Vereinsmitglieder alle Leistungen des Alpenvereins nutzen können. Im Sporthaus gibt es zudem einen Augenoptiker und den München-Mitbringsel-Laden „Gustl". Im Jahr 2003 schlossen sich die beiden Münchener Traditionshäuser Schuster und Sport Münzinger zusammen und Rainer Angstl kam neben dem Firmengründer-Enkel Flori Schuster als zweiter Geschäftsführer hinzu. 2012 eröffnete der neue Münzinger auf 300 Quadratmetern als Sport Brand Store für Fußball und Style – von Streetwear über Fußballequipment bis zu internationalen Spielertrikots.

Das renommierte Sporthaus war lange Zeit Mitglied eines Bonusprogramms von lokalen Handelsunternehmen und Dienstleistern, der „M/Card". Doch Mitte 2013 wurde das Programm eingestellt. Der Grund: Den Gesellschaftern waren die notwendigen Investitionen für den Ausbau der Karte zu hoch. Das renommierte Sporthaus Schuster stand so ohne Kundenkarte da. „Bevor wir uns nach einem neuen Multipartnerprogramm umgeschaut haben, haben wir das Thema noch mal neu aufgebohrt", berichtet Peter Schön, E-Commerce-Chef bei dem Sporthaus nahe des Marienplatzes in der bayrischen Hauptstadt. „Dabei haben wir festgestellt, dass bei uns nicht nur die Boni entscheidend für den Erfolg waren, sondern der Kundendialog." Also entschied sich der Händler, ein eigenes Programm aufzulegen, „um die Zahl der Besucher online wie stationär zu steigern". Heraus kam in Zusammenarbeit mit der Münchener Onlineagentur Norisk, die die komplette Multichannel-Umsetzung begleitet, das hauseigene Bonusprogramm „Gipfelstürmer", bei dem der Kunde für einen Euro Umsatz zwei Höhenmeter erhält und auf diese Weise einen virtuellen Berg hinaufwandert. Ab der Registrierung auf Höhe Basislager (null Meter) bekommen die Bonuskarteninhaber den „Gipfelstürmerpreis" auf ausgewählte Produkte, einen Preisnachlass bis zu zehn Prozent. Ab einer Höhe von 515 Metern – so hoch liegt der Marienplatz – erhalten die Teilnehmer Servicevorteile wie etwa günstige Ski-Checks oder Imprägnierung von Funktionsbekleidung. Mitglieder des Deutschen Alpenvereins steigen direkt auf dieser Marienplatz-Höhe in den Bonusprogramm-Berg ein. Ab 1 564 Metern Höhe – dort erklimmen die Kunden virtuell das vom Alpenverein betriebene, nach dem Firmengründer benannte August-Schuster-Haus auf dem Pürschling in den Ammergauer Alpen – gibt es dann besondere Prämien: die sogenannten Schuster-Momente. „Das sind emotionale Prämien, die es so nicht einfach zu kaufen gibt", erläutert Schön, „etwa Tickets für den Köln-Marathon, Gratwanderungen oder Bootcamps."

Das Ziel: Der Nanga Parbat

Das virtuelle Ziel des Bonusprogramms ist der 8 126 Meter hohe Nanga Parbat. Wer ihn erklimmt, hat den Gipfel erstürmt und kann sich zum Beispiel über eine Wanderung in Schweden freuen. Der neunthöchste Berg der Welt im pakistanischen Westhimalaya wurde im Übrigen ausgesucht, weil dessen Erstbezwinger Hermann Buhl in den 1950er-Jahren in der Bergsportabteilung vom Sporthaus Schuster arbeitete und dort aufgrund seiner Pioniertat als „Mitarbeiter des Jahrhunderts“ geehrt wird.

Das Gipfelstürmer-Programm ist durchaus eine Herausforderung für alle Abteilungen, räumt Schön ein. „Man muss Multichannel konsequent umsetzen und alle Mitarbeiter miteinbinden“, rät der E-Commerce-Chef. „Zum Beispiel müssen alle wissen, wie der Kunde an die Karte kommt – online wie stationär.“ Dementsprechend hoch war der Stellenwert der Mitarbeiterschulungen rund um das neue Bonusprogramm. Die technische Betreuung der Gipfelstürmer ist auch nicht ohne: „Die Gutschrift der Höhenmeter muss in allen Systemen nahtlos und sofort hinterlegt sein, egal ob der Kunde stationär einkauft oder aus dem Katalog oder online bestellt“, nennt er als Beispiel.

Die „Echtzeitanbindung“ ist auch deshalb wichtig, weil die Karten „verheiratet“ werden können, wie es Schön ausdrückt: „Verschiedene Gipfelstümer-Karten können auf einen Kunden laufen, sodass Familie und Freunde mitsammeln können. Wenn dann die Freundin des Karteninhabers bei uns online bestellt und er selbst kurz darauf bei uns im Laden ist, muss er auch kürzlich gesammelte Höhenmeter bereits zur Verfügung haben.“

Deutlich höherer Warenkorbwert

Seit April 2014 sammeln die ersten Gipfelstürmer virtuelle Bonuspunkte, inzwischen liegt die Kundenzahl im fünfstelligen Bereich. Und es sind „gute“ Kunden, oder zumindest kauffreudige: Anhand der Datenauswertung sehen die Sporthändler, dass der Warenkorbwert bei den Bonuscard-Inhabern wesentlich höher ist als bei neuen oder „normalen“ Kunden ohne Gipfelstürmerkarte. „Für uns sind die Schuster-Momente essenziell, sie passen zu unserer Marke“, argumentiert Schön. „Die Emotionalisierung und der virtuelle Wert funktionieren bei uns als Sporthaus besonders gut.“

Ein gutes halbes Jahr nach dem Start sei die technische Basis für das Multichannel-Bonusprogramm zwar gelegt, „aber dann geht die Arbeit erst richtig los“, ist der Manager überzeugt: „Wir arbeiteten daran, das Kampagnenmanagement weiter zu professionalisieren.“ Dazu gehöre zum Beispiel die Auswertung der Kundendaten, um den Gipfelstürmern personalisierte Offerten anzubieten: „Wer immer nur in der Warengruppe Klettern einkauft, bekommt von uns speziell zugeschnittene Angebote im Newsletter.“

Intelligente Verknüpfung der verschiedenen Verkaufskanäle

Außerdem werten die Sporthändler das Kaufverhalten der Kundenkartenbesitzer je nach Einkaufskanal aus. „Davon erhoffen wir uns Befruchtungseffekte für unser Multichannel-Angebot. Wir wollen unseren Kunden mit diesem Wissen dann auf allen Verkaufskanälen besser entgegenkommen."

Während man schon länger online bestellte Ware in den Laden zurückbringen kann, ist der nächste Schritt der Verkaufskanalverknüpfung das sogenannte Click & Collect, also das Abholen der online bestellten Ware im Sporthaus: „Da sind wir gerade in der Konzeption, das werden wir im Laufe des Jahres 2015 anbieten", sagt Schön zum Zeitplan.

Newsletter & Co.

Auch das klassische **E-Mail-Marketing** gehört als Instrument zur Kundengewinnung und -bindung noch lange nicht aufs Altenteil – zumindest, wenn die Mails wohldosiert und treffgenau konzipiert sind. Newsletter & Co. haben den Vorteil, dass der Händler kostengünstig mit seinem Kunden in den Dialog treten kann. Daher sollte auf eine „Do-not-reply"-Angabe im Text verzichtet werden, denn die erstickt jegliche Kommunikation im Keim. Neben den Standardmails wie beispielsweise Bestellbestätigungen oder Versandinformationen kann der Webshopbetreiber Konsumenten auch per Mail an immer wiederkehrende Käufe erinnern und zu **persönlichen Anlässen** wie Geburtstagen gratulieren.

Einwilligung wichtig

Werbung per E-Mail bedarf grundsätzlich der Einwilligung des Empfängers. Durch zahlreiche Urteile und Gesetzesänderungen werden die Anforderungen, die eine Einwilligungserklärung erfüllen muss, ständig verschärft. Grob gesagt muss der Kunde die Einwilligung transparent, freiwillig, bewusst, eindeutig, ausdrücklich und separat erteilen. Der Werbetreibende muss die Einwilligung zudem nachweisen können und detailliert protokollieren.

Newsletter sollten mit Themen bestückt werden, die für den jeweiligen Kunden relevant sind – der Händler kann etwa über **Sonderangebote** und Schnäppchen informieren, **Aktionen** ankündigen, **Gewinnspiele** anbieten, vorab **neue Produkte** oder Kollektionen präsentieren oder die Aufmerksamkeit auf bestimmte Sortimente lenken. Auch bei dieser Marketingform ist es wichtig, den Erfolg einer jeden Kampagne zu messen: Die Technik ist inzwischen so weit, dass der Händler sehr gut sehen kann, wie der Newsletter ankommt – ob er geöffnet wird, welche Themen besonders gut geklickt und welche Produkte dann tatsächlich gekauft werden.

Wer neue Kunden per E-Mail-Marketing finden will, muss aufpassen, dass er einen **seriösen Adresshändler** findet: Sonst verstößt der Händler nicht nur gegen geltendes Gesetz, sondern vergrätzt auch potenzielle Kunden. Rechtlich gesehen ist E-Mail-Werbung nur dann zulässig, wenn die Zustimmung des Empfängers vorliegt. Dies ist zum Beispiel der Fall, wenn Abonnenten eines Newsletters ausdrücklich zugestimmt haben, weitere Informationen per E-Mail erhalten zu wollen. Die Streuung einer „unpersönlichen" Aktion ist zudem sehr hoch, der Erfolg oft entsprechend niedrig. Möglich ist es aber, in einem **Newsletter eines Internetportals**, das die Zielgruppe des Händlers frequentiert, zu werben und sozusagen huckepack und zielgerichteter E-Mail-Marketing zu betreiben.

Recht beim E-Mail-Marketing

Der Verband der deutschen Internetwirtschaft veröffentlicht regelmäßig die aktuellen Richtlinien für zulässiges E-Mail Marketing. Die aus Unternehmenssicht wichtigen rechtlichen Fragen beim E-Mail-Versand sind demnach:

- Liegt die Einwilligung der Empfänger vor?
- Kann die Einwilligung nachgewiesen werden?
- Wissen die Empfänger, wozu sie eingewilligt haben?
- Wurden die Empfänger auf die Abbestellmöglichkeit hingewiesen?
- Erhalten die Empfänger eine E-Mail-Bestätigung ihrer Einwilligung?
- Können E-Mails bequem abbestellt werden?
- Wird auf Anfragen und Beschwerden reagiert?
- Ist der Betreff nicht irreführend?
- Ist der Absender klar erkennbar?

- Ist das Impressum vollständig?
- Liegt ein Fall der Auftragsdatenverarbeitung vor, und wurden die entsprechenden gesetzlichen Vorgaben eingehalten?

Die ausführliche, regelmäßig aktualisierte Richtlinie kann kostenlos im Internet unter https://online-marketing.eco.de/ abgerufen werden.

Affiliate Marketing

Affiliate Marketing ist eine **Onlinekooperation**: Dabei stellt der Anbieter, der „Merchant", dem Partner („Affiliate") Werbemittel zur Verfügung, die dann beispielsweise in die Webshops oder Newsletter eingebunden werden. Der Partner wirbt so für die Produkte oder Dienstleistungen des Händlers und erhält für jede auf diese Weise zustande kommende Transaktion eine zuvor ausgehandelte **Provision**.

Die Abrechnung erfolgt über einen speziellen Code, der den Affiliate eindeutig identifiziert und als Basis für die Provision dient. Die Provision kann dabei für die reinen Klicks („Cost Per Click"), die Kontaktaufnahme des Kunden („Cost Per Lead") oder den tatsächlichen Verkauf („Cost Per Sale") fließen. Darüber hinaus gibt es inzwischen eine Reihe weiterer Abrechnungsmodelle. Der Vorteil: Der Händler kann durch das Provisionsmodell den **Erfolg gut messen**, seine **Vertriebsreichweite** steigern und seine **Präsenz im Web** ausbauen.

Kundenpflege

Den Vorteil, den stationäre Händler mit ihrem Bauchgefühl haben, macht das elektronische Geschäft mit den Kundendaten wett. Der Webshopbetreiber kann auf einen wahren **Informationsschatz** zugreifen – und sollte dies auch nutzen. Er kann analysieren, wie die Kunden den Weg zum virtuellen Laden gefunden haben und wie sich die Besucher im Webshop bewegen: von welcher Suchmaschine und mit welchem Suchbegriff die Besucher kommen, welchen „Klickpfad" sie im Shop hinterlassen, wie lange sie bleiben und an welcher Stelle sie von welcher Seite aussteigen.

Wer neben dem Onlineshop auch einen **stationären Laden** hat, sollte versuchen, seine Kunden auch für die Internetseite zu begeistern – und entsprechende Inhalte anbieten, die der Zielgruppe gefallen, beispielsweise Informationen und Neuigkeiten rund um die Produkte sowie die Möglichkeit, sich mit Gleichgesinnten auszutauschen.

Zu einer erfolgreichen Kundenansprache gehört auch, regelmäßig die eigenen **Adressbestände zu prüfen**, zu pflegen und zu ergänzen. Dass kann ein Dienstleister übernehmen, der den Datenbestand komplett unter die Lupe nimmt und alle Merkmale, die nicht mehr korrekt sind oder sich geändert haben, aktualisiert oder markiert. Zu dem Check gehört auch ein Dublettenabgleich.

Kreativ und informativ: YouTube als Werbeplattform

Das Videoportal YouTube feiert 2015 seinen zehnten Geburtstag. Nach Google und Facebook ist die Webseite diejenige mit den meisten Besuchern – und die sind sehr aktiv: 300 Stunden Videomaterial werden dort jede Minute hochgeladen. Nun mag so mancher Händler denken, dass Videos nur etwas für große Unternehmen und somit nicht so relevant für ihn sind. Doch das stimmt nicht. Wichtig ist vor allen Dingen, dass der Händler **kreativ** ist, eine **klare Werbebotschaft** vermittelt und sich an eine **eindeutige Zielgruppe** richtet. So wurde beispielsweise ein witziges, nicht besonders aufwändig produziertes Werbevideo des kleinen amerikanischen Rasierklingen-Abo-Versenders DollarShaveClub.com in vergleichsweise kurzer Zeit mehr als 18 Millionen Mal angeklickt.

Händler können in Videos von ihrem Geschäft erzählen, Mitarbeiter, Dienstleistungen oder Produkte vorstellen und auf Kundenfragen eingehen, die im Alltag immer wieder auftauchen. Die Inhalte sollten den Zuschauer überraschen, ihn unterhalten und/oder ihm etwas beibringen. Denn **Nutzwert ist Trumpf**: Beispielsweise könnte ein Schreibwarenhändler zeigen, wie man einen Füllfederhalter richtig reinigt, ein Gartenprofi die Zuschauer anleiten, wie sie zur passenden Jahreszeit Obstbäume oder Rosenstöcke beschneiden, oder ein Boutiquenbesitzer erläutern, wie man lange die Flauschigkeit von Wollpullis erhält. Die lokale Kundschaft kann man auch mit Berichten von Veranstaltungen wie dem eigenen Sommerfest oder der Beteiligung am Stadtfest für das Videoangebot interessieren.

> **15 Sekunden**
> Innerhalb dieser Zeit muss der Zuschauer „eingefangen" sein, ansonsten klickt er das Video weg.

Ein **gelungener Einstieg** ist von besonderer Bedeutung, denn die Aufmerksamkeitsspanne der Internetnutzer ist kurz – wer nicht innerhalb der ersten Sekunden überzeugen kann, ist uninteressant und wird weggeklickt. Wenn Händler oder Mitarbeiter selbst auftreten, wirkt die direkte Ansprache an den Zuschauer persönlicher, und direkt zu Beginn sollte man sagen, was den Zuschauer in dem Video inhaltlich erwartet. Die Filme sollten dabei aber keinesfalls zu lang werden. Je nach Nutz- und Unterhaltungswert sollte der Spot **maximal drei Minuten** dauern; wenn man mit dieser Zeit nicht auskommt, kann man das Video nach Schwerpunkten in mehrere Beiträge teilen.

> **90 Sekunden**
> sind ein guter Richtwert für die Länge des Films, um den Spannungsbogen zu halten.

Damit das fertige Video leicht gefunden werden kann, sollten beim Hochladen in der Videobeschreibung **die wichtigsten Begriffe** im Titel, in der Kurzbeschreibung und in den Schlüsselwörtern („Keywords") enthalten sein. Sie sollten zum Video passen und möglichst prägnant sein. YouTube bietet im Übrigen auch ein eigenes Onlinewerkzeug für Keyword-Ideen.

Bei YouTube gilt wie bei Google: Je größer die **Vernetzung**, desto größer die Chance, dass ein Video gesehen wird. Der Händler sollte die Filme daher immer auf der eigenen Website oder in einen Blog einbinden. Auch via Facebook, Twitter & Co. kann man auf die Videos aufmerksam machen. Falls ein Händler Newsletter einsetzt, gehört ein Hinweis auf die aktuellen Videoangebote ebenfalls dort hinein – beispielsweise, indem ein Standbild aus dem Video eingefügt und auf das YouTube-Video verlinkt wird.

Buchtipp

Mehr Tipps zum Onlinemarketing finden Sie im Fachbuch „Erfolgsfaktor Online-Marketing" von Olaf Kolbrück. Das Buch beschreibt Einsteigern leicht verständlich, wie sie mit schmalem Budget die Chancen des Onlinemarketings nutzen können. Kompakte Tipps, Checklisten, Hintergrundinfos und Interviews mit Händlern und Experten sollen dabei helfen, die passenden Instrumente wie Newsletter, Bannerwerbung, Social Media oder Digital Couponing erfolgreich einzusetzen. Das Buch ist wie das vorliegende bei der dfv Mediengruppe erschienen und unter www.dfv-fachbuch.de bestellbar.

Social Media: Immer up to date

Der Begriff „Social Media“ ist aus der alltäglichen privaten Kommunikation nicht mehr wegzudenken – ob mithilfe von „WhatsApp“ oder „Facebook“, „YouTube“ oder „Instagram“, zu jeder Tages- und Nachtzeit können über soziale Medien Informationen bereitgestellt, ausgetauscht und eingeholt werden. Doch warum gehören soziale Medien in den Fokus des lokalen Händlers? Warum sollte er sich darüber informieren? Muss er sich gar als Unternehmen engagieren?

Die klare Antwort ist: **Jeder Händler** muss sich beruflich und für sein Unternehmen mit dem Einsatz sozialer Medien beschäftigen. Und das auch, wenn man privat eher ein Social-Media-Gegner ist, denn für den unternehmerischen Bereich gilt es, diesem Thema auf eine andere Art und Weise und mit anderen Kriterien zu begegnen. Gründe für die Beschäftigung mit den sozialen Medien sind

- der veränderte Medienkonsum der Kunden und
- die Änderung der Kommunikationsformen der Kunden.

Man könnte auch sagen: Die Kunden sind schon da – wo aber ist der Händler?

Werbelandschaft im Wandel

Wie kommunizierte der Händler bisher mit seinen Kunden? Hier ist sicherlich die **Tageszeitung** als wichtigstes Medium der Vergangenheit und der Gegenwart zu sehen: Nach Angaben des Zentralverbands der deutschen Werbewirtschaft wird in Deutschland weiterhin das meiste Werbegeld in Zeitungsanzeigen investiert. Zwar liegt auch die **Fernsehwerbung** weit vorne, doch hier ist der mittelständische Handel eher selten vertreten – seine klassischen Medien sind Tageszeitungen, Anzeigenblätter und Sonntagszeitungen. Doch generell muss festgestellt werden, dass der Werbemarkt sich ändert und die Ausgaben für Printprodukte seit Jahren sinken.

Tabelle 7: Netto-Werbeeinnahmen erfassbarer Werbeträger in Deutschland

Werbeträger	2010	Prozent	2011	Prozent	2012	Prozent	2013	Prozent
Fernsehen[1]	3 953,73	8,6	3 981,17	0,7	4 037,70	1,4	4 125,13	2,2
Tageszeitungen[2]	3 637,80	– 1,5	3 556,90	– 2,2	3 232,60	– 9,1	2 917,70	– 9,7
Anzeigenblätter[3]	2 011,00	2,3	2 060,00	2,4	2 001,00	– 2,9	1 932,00	– 3,4
Publikumszeitschriften[4]	1 450,00	2,9	1 440,05	-0,7	1 281,00	– 11,1	1 235,00	– 3,6
Online und Mobile[5]	861,00	12,7	990,00	15,0	1 054,15	6,5	1 151,97	9,3
Verzeichnismedien[6]	1 154,60	-2,5	1 139,10	– 1,3	1 095,80	– 3,8	1 019,10	– 7,0
Außenwerbung[7]	766,06	3,9	896,90	17,1	867,90	– 3,2	891,20	2,7
Fachzeitschriften[8]	856,00	0,5	875,00	2,2	858,00	– 1,9	889,00	3,6
Hörfunk[9]	692,06	2,0	709,15	2,5	719,65	1,5	746,11	3,7
Wochen-/Sonntags-zeitungen[2]	217,80	4,6	213,70	– 1,9	199,30	– 6,7	175,60	– 11,9
Filmtheater[10]	74,51	4,1	84,74	13,7	88,39	4,3	80,08	– 9,4
Zeitungssuplements[2]	85,80	4,8	85,10	– 0,8	81,90	– 3,8	79,30	– 3,2
Gesamt	15 760,36	3,1	16.0,31,81	1,7	15 517,39	– 3,2	15 242,19	– 1,8

Angaben in Millionen Euro. Netto: nach Abzug von Mengen- und Malrabatten sowie Mittlerprovisionen, sofern nicht anders bezeichnet vor Skonti, ohne Produktionskosten.

1 ARD-Werbung Sales & Services, ZDF-Werbefernsehen, Verband Privater Rundfunk und Telemedien (VPRT), bereinigter Wert des VPRT für 2012.
2 Bundesverband Deutscher Zeitungsverleger (BDZV), vorläufiges Ergebnis.
3 Bundesverband Deutscher Anzeigenblätter (BVDA).
4 Fachverband Die Publikumszeitschriften im Verband Deutscher Zeitschriftenverleger.
5 Bis 2011 gemeinsame Hochrechnung von BDZV, VDZ und VPRT; Daten: Fremdwebung in Onlinediensten, ohne Suchwort- und Affiliatevermarktung; ab 2012: gemeinsame Hochrechnung der Verbände BDZV, VDZ, VPRT auf Basis der vom BVDW/OVK erfassten Netto-Werbeumsätze für Online- und Mobile-Display (2012: 1 207 Mio. Euro; 2013: 1 319 Mio. Euro). Basis der gemeinsamen Hochrechnung ist die ZAW-Netto-Definition. Basis der BVDW/OVK-Erfassung ist die international gängige Netto-Definition des IAB (Netto 1).
6 [vdav] – Verband Deutscher Auskunfts- und Verzeichnismedien, Erhebung bei Mitgliedern und Hochrechnung, nach Skonti, vor Mehrwertsteuer, inklusive rund zehn Prozent Mehrwertsteuer.
7 Hochrechnung des Fachverbands Außenwerbung (FAW) und des Zentralverbands der deutschen Werbewirtschaft (ZAW), ab 2011 inklusive Medien an Flughäfen.
8 Deutsche Fachpresse
9 AS & S Radio GmbH, RMS Radio Marketing Service, Verband Privater Rundfunk und Telemedien (VPRT).
10 FDW Werbung im Kino, Erhebung bei Mitgliedern.

Quelle: Zentralverband der deutschen Werbewirtschaft ZAW e. V., www.zaw.de/zaw/branchendaten/nettoumsatzentwicklung-positionen-der-werbetraeger-2013/

Neben den klassischen Anzeigen ist die **Prospektbeilage** als wichtiges Werbemittel zu benennen. Unabhängig von der Diskussion, ob dieses Mittel noch wirkt oder nicht, besteht für den Händler ein Problem: Bisher konnte er sein Prospekt gezielt durch Auswahl der jeweiligen Zeitung und des Verbreitungsgebietes zu seinen Kunden bringen – und so zumindest teilweise seine Zielgruppe erreichen und zu hohe Streuverluste vermeiden. Bei beidem, Anzeige und Prospektbeilage, sieht sich der Werbetreibende aber mit einem fast drastisch zu nennenden Wandel konfrontiert: Der Kunde wendet sich in einem über Jahre andauerndem Trend von der Tageszeitung ab.

Die Zahlen zeigen: Der Kunde ist auf Reisen – weg von der Zeitung, doch wohin, ist noch unklar. Einige Händler weichen für die Prospektverteilung auf Anzeigenblätter, auf „Einkaufaktuell" der Deutschen Post oder auf Direktverteilung aus. Andere erhöhen die Anzahl der Prospekte, denn durch fallende Auflagen wird ja Budget frei. Doch dies scheint nicht die Antwort auf die Tatsache zu sein, dass sich das Kundenverhalten ändert. Eine befriedigende Antwort erhält man erst, wenn man herausfindet: Womit beschäftigt sich der Kunde heute – und vor allem morgen?

Eines ist in jedem Fall offensichtlich: **Der Kunde ist online**. Online mit dem PC, dem Notebook, dem Tablet und immer stärker mit dem Mobiltelefon. Selbst die Zeit, welche – gerade, aber nicht nur – das jüngere Zielpublikum vor dem Fernsehgerät verbringt, nimmt nicht mehr ständig zu wie noch vor einigen Jahren, sondern nimmt ab. Diejenigen, die noch vor kurzer Zeit warnten, unsere Gesellschaft stehe aufgrund dieses ständig steigenden Fernsehkonsums vor dem kulturellen Absturz, müssen sich neu orientieren: Wir starren jetzt weniger in die Röhre, sondern vermehrt auf Tablet oder Handy. Allerdings (inter-)aktiver. Zwar findet das Leben noch nicht im Internet statt, doch die Mediennutzung, viele Arten der Freizeitbeschäftigung und die Kommunikation verlagern sich ins Internet. Kurz: Der Kunde ist online – ständig und überall. Und hier muss er auch abgeholt werden.

Aus diesem „neuen" Kundenverhalten konnten bereits erste Werbeschlüsse gezogen werden: Die Kundenansprache wird zukünftig direkter, beispielsweise über **Kundenclubs** und **Kundenkarten**, und die Kommunikation entwickelt sich weg von Print- hin zu elektronischen Medien. Mehr und mehr Händler gehen online oder möchten mit ihrer Kommunikation online gehen. Ein erster Schritt ist der Wechsel oder die Ergänzung der typischen Kundenmailings hin zu **E-Mail-Marketing**; ein weiterer Schritt ist die Kommunikation mit dem Kunden über **soziale Medien**. Doch wo fängt man an? Welche sozialen Medien sind relevant?

Die Auswahl der Social-Media-Kanäle

Einen sehr umfassenden Überblick über Social-Media-Plattformen und -Tools in Deutschland zeigt das „Social Media Prisma“ von ethority, das in 24 Segmenten 261 verschiedene relevante Social-Media-Kanäle auflistet. Diese Übersicht finden Sie unter http://ethority.de/social-media-prisma/. Doch so umfassend diese Übersicht auch ist – sie überfordert den Betrachter schnell. Für den Händler wichtig sind in erster Linie die **großen Anbieter**, die einen genügend großen Marktanteil und damit eine ausreichend hohe Anzahl an Nutzern haben. Dazu zählen einerseits Facebook und Google+, andererseits Youtube, Pinterest, Tumblr und Instagram sowie Twitter und WhatsApp und der eigene Blog. (Bewertungsportale sind ebenfalls als mediale soziale Interaktion zu begreifen – mehr dazu lesen Sie ab Seite 135).

Selbst aus dieser Auswahl wird sich der Händler noch eine Prioritätenliste erstellen müssen: Nicht alle Medien sind für jeden gleich wichtig, und ein Medium allein ist auf Dauer wahrscheinlich nicht ausreichend. Für Unternehmen besonders unangenehm ist die ständige Bewegung in der Medienlandschaft. So ist Facebook schon lange ein wichtiger Player und wird auch als solcher wahrgenommen; Google hingegen wurde anfangs belächelt, als es mit Google+ versuchte, eine ähnlich relevante Plattform aufzubauen – und heute erscheint ein Eintrag dort wichtiger denn je. Das Kommunikationsverhalten besonders jüngerer Zielgruppen ist besonders von Schnelllebigkeit und Wandel geprägt: Vor wenigen Jahren noch kommunizierte sie online per E-Mail oder mobil per SMS; schnell kamen Messenger-Dienste hinzu, und kurzzeitig wurde der Facebook-Chat das nahezu einzige Online-Kommunikationsmedium – doch je mehr Eltern sich nach und nach bei Facebook anmeldeten, desto schneller flüchtete sich diese Kundengruppe zu „elternsicheren“ Diensten wie beispielsweise Instagram oder WhatsApp. Besonders Letzteres ist für Kinder und Jugendliche momentan das wichtigste Kommunikationsmedium überhaupt.

Doch bevor Sie bei der Wahl der zu bedienenden Kanäle schon aufgeben: Zwar gibt es ständige Verschiebungen in den Medien, doch eine gewisse **Investitionssicherheit** ist dennoch gegeben. Die große Masse der Menschen ist träge. Sind Abläufe verinnerlicht, so verändern sie sich nicht kurzfristig. Das trifft auch auf Kommunikation und Mediennutzung zu. Findet man den richtigen Kommunikationskanal mit seinen Kunden, so ist es recht wahrscheinlich, dass eine **funktionierende Strategie** über eine längere Zeit durchgeführt werden kann.

Die Auswahl des richtigen Kanals ist nicht zuletzt auch eine Investitionsentscheidung im klassischen Sinne. Sie wirkt mittelfristig und bindet Ressourcen in Form von Zeit, Personal und Geld. Daher sollten Händler sich gut überlegen, bei welchem Social-Media-Kanal sie am besten aufgehoben sind.

Der Social-Media-Auftritt: Welche Schritte sind notwendig?

- Auswahl der Medien: Welche Social-Media-Kanäle kommen infrage?
- Set-up: Sind alle erforderlichen Programme vorhanden? Werden sie regelmäßig aktualisiert?
- Kommunikationsstrategie: Wer soll wie erreicht werden? Wird der Social-Media-Kanal regelmäßig gepflegt und mit Inhalten bestückt? Entspricht das Auftreten auf allen Kanälen dem Unternehmen?
- Inhalte und Zuständigkeiten: Was soll kommuniziert werden – und wer leistet das?

Doch wie kann man nun das passende Social-Media-Medium auswählen? Ziel dieser Auswahl ist letzten Endes die Kommunikation mit dem Kunden – was liegt also näher, als diese selbst zu befragen, welche Medien sie nutzen? Führen Sie eine **Kundenumfrage** durch und wählen Sie dann ein oder zwei Medien aus, die Sie in Zukunft bedienen wollen. Beachten Sie bei Ihrer Auswahl aber auch die **Charakteristika der einzelnen Medien** – auf manchen Social-Media-Kanälen wie Instagram stehen beispielsweise Fotos im Vordergrund, was für ein Modelabel sehr gut funktionieren kann, für erklärungsbedürftige Produkte aber nicht so gut geeignet ist.

Kundenbefragung: Polarität und Emotionen

Eine bei zwei Verkaufsveranstaltungen (Schulranzenverkauf) durchgeführte Kundenbefragung führte zu erstaunlichen Ergebnissen. Etwa die Hälfte gab an, Facebook zu nutzen, und war auch bereit, die Veranstaltung auf Facebook zu „liken" (nur wenige taten es später wirklich). Fast die gesamte andere Hälfte der Befragten lehnte mit meist großer innerlicher Überzeugung das Medium „Facebook" ab, Unentschlossene gab es nur wenige. Sowohl die Befürworter als auch die Gegner reagierten meist emotional engagiert. Befragt wurden ausschließlich zahlende Kunden an der Kasse, in der Regel Eltern oder Großeltern. Die Antworten waren aber nicht altersabhängig.

Facebook

Facebook ist das Internet. So möchte es Mark Zuckerberg zumindest – und erreicht es auch in einigen Teilen der Welt, zum Beispiel indem über Facebook kostenfreies Internet angeboten wird und immer mehr Funktionen in Facebook integriert werden (Shopping, Suchfunktionen, Videochat etc.), sodass der User Facebook nicht mehr verlassen muss. So soll weltweit der Messenger von Facebook gestärkt und mit mehr Funktionen (Apps) versehen werden – beispielsweise mit Spiele-Applikationen, aber auch mit Apps für die Kundenkommunikation oder den Geldtransfer speziell für Unternehmen.

In Europa ist Facebook nicht das Internet, aber ein **sehr starkes soziales Medium** mit unglaublicher Reichweite und Aufmerksamkeit. Wenn keine Gründe für ein spezielles anderes Medium sprechen, so ist Facebook sicher die erste Wahl zum Starten.

Die Anmeldung ist kostenfrei. Die Unternehmensdaten können einfach eingegeben, die ersten Fotos hochgeladen werden. Für das **Unternehmensprofil** können zusätzlich verschiedene Administratoren freigegeben werden. Diese benötigen nur ein eigenes (privates) Facebook-Konto und können so gemeinsam den Account steuern, mit Inhalten füllen oder mit anderen Facebook-Usern kommunizieren. Dies ist auch wichtig, denn Anfragen auf Facebook können sowohl privat, das heißt unsichtbar für Dritte, als auch sichtbar für alle als öffentlicher Post gestellt werden. Und die Community achtet auf die Reaktionszeiten. Eine Aufgabenteilung, eine Urlaubs- oder Krankenvertretung ist hier nur zu empfehlen, um keinen schlechten Eindruck zu hinterlassen.

Facebook kann also sowohl für die einfache Kommunikation zwischen Unternehmen und Kunde als auch als E-Mail-Ersatz für den schriftlichen Dialog verwendet werden. Hinzu kommt noch die Möglichkeit des **Chats** mittels des Facebook Messengers. Die Regeln für den schriftlichen Dialog entsprechen denen der geschäftlichen E-Mail. Warum sollte jemand in Facebook geduzt werden, wenn er weder im persönlichen Gespräch im Laden noch in einer normalen E-Mail-Anfrage geduzt würde? Sollte eine Beratung im Chat stattfinden, so ist dies offensichtlich eine geschäftliche Beratung – nur in moderner elektronischer Form. Selbst wenn Kunden gelegentlich in einen persönlichen kurzen Ton und entsprechende formale Lässigkeit fallen, muss von Seiten des Händlers eine der Branche **entsprechende Kommunikationsform** gefunden werden.

So treten Sie in Interaktion

Die meiste Kommunikation auf Facebook wird anfangs über das „Posten" von Bildern und kurzem Text funktionieren. Wird die Zielgruppe hier richtig angesprochen, so markiert sie den Post mit „Gefällt mir" oder teilt ihn und trägt so zur Verteilung in der Facebookwelt bei. Ehrliche Kommunikation wirkt meist am besten; zu produktnahe Posts erhalten oft weniger Aufmerksamkeit. Es ist aber durchaus üblich, Posts mit der eigenen Homepage oder anderen relevanten Seiten, beispielsweise auch YouTube oder Instagram, zu verlinken.

Das Posten von interessanten Inhalten ist aber nur der erste Punkt auf Ihrer To-do-Liste. Auch mit den zahlreichen anderen Tools und Apps von Facebook sollten Sie sich auseinandersetzen: Sie können Veranstaltungen erstellen und dazu einladen, externe Inhalte einbinden (zum Beispiel Bewertungen der eigenen Homepage), zu Abstimmungen auffordern und vieles mehr. Spiele, Verlosungen und Entertainment sind gerade am Anfang sicher eine notwendige Investition, um die ersten „Gefällt-mir"-Angaben zu ergattern und so den Anfängerstatus zu verlieren. Dannach sollte man sich aber bewusst sein, dass die Kommunikation mit den Kunden im Mittelpunkt steht und nicht das Bespaßen von Facebook-Nutzern, die für Gewinnspiele eigene Accounts anlegen und nur selten ernsthaft Interesse am Unternehmen haben. Das heißt nicht, dass Entertainment tabu ist. Nein, im Gegenteil: Wer es schafft, seine Follower so anzusprechen, dass sie an der Verbesserung von Artikeln mitarbeiten, über Sortimentsteile mit Freunden diskutieren und mitbestimmen, hat die Chance, die (potenziellen) Kunden dauerhaft an sich zu binden.

Die kostenfreie Zeit ist vorbei – zumindest für Unternehmen, die Facebook intensiver für ihre Kundenkommunikation nutzen wollen. **Anzeigen auf Facebook** können Unternehmen mithilfe eines einfachen Tools (Anzeigenmanager) selbst buchen. Zielgruppendefinition, geografische Abgrenzung, Laufzeit- und Budgetfestlegung und viele andere Parameter sind teilautomatisiert vom Werbetreibenden online selbst buchbar. So können einzelne Posts, ein Veranstaltungshinweis oder der eigene Internetauftritt – oder Webshop – beworben werden. **Einfache Auswertungstools** sind bereits Teil der eigenen Facebook-Seite; möchte man besser kontrollieren und messen, wie sich die Facebook-Werbung auf Besucherzahl, Newsletteranmeldung oder Umsatz auswirkt, so hilft der Einbau von **Trackingtools** auf der eigenen Website.

In Zukunft wird Facebook sicher noch mehr Tools und Applikationen für Unternehmen anbieten – Vorsicht ist hier beim Thema **Datenschutz** geboten. Die etwas andere Sichtweise von Facebook auf dieses Thema ist bekannt und muss vom aktiven und werbenden Unternehmen beachtet werden – sofern dies aufgrund der Komplexität möglich ist. Die sich bietenden Chancen sollten aber in jedem Fall genutzt werden.

Google+

Als Konkurrenz zu Facebook hat Google das Produkt Google+ auf den Markt gebracht. Viele Funktionen – wie das Hochladen von Fotos, das Markieren von Beiträgen oder Verlinken mit anderen Webseiten – sind ähnlich, Aufbau und Ablauf allerdings nicht gleich.

Konnten anfangs nur Privatpersonen ein Google+-Konto einrichten, so ist dies jetzt auch für Marken oder Unternehmen möglich. Allerdings muss Google beim Einrichten eine bekannte reale Adresse und eine Google-Anmeldung finden. Hier sieht man bereits den Unterschied zu Facebook: Die Google-Welt ist stark verzahnt. Zuerst ist die **Anmeldung bei Google selbst** erforderlich, dann die Anmeldung bei **Google My Business** (früher Google Places) und dann die Erstellung eines Profils bei **Google+**. Der Vorteil, so detailliert beim Branchenriesen Google verzeichnet zu sein, liegt auf der Hand: Es ist nicht verwunderlich, dass die Suchmaschine von Google diesen Eintrag **schnell und einfach findet**. Allein die Chance, dass es so sein könnte, sollte ein Unternehmen dazu bringen, die Zeit in die kostenlosen Anmeldungen zu investieren. Natürlich muss, ähnlich wie bei anderen sozialen Medien, Google+ beobachtet, seine Spezifika gefunden und gelernt und darauf eingegangen werden. Auch hier ist das einmalige Hochladen von Unternehmens- oder Produktfotos nicht genug. Wie bei Facebook ist der **regelmäßige Input** von Nöten.

Instagram

In erster Linie wird Instagram zum Hochladen und Teilen von **Fotos und Videos** genutzt. Händler können sich hier ein Profil erstellen und regelmäßig Fotos oder kurze Videos posten. Wie bei Twitter kann bei der Bildbeschreibung von Instagram mit **Hashtags** (#) gearbeitet werden, damit die hochgeladenen Inhalte themengerecht aufgefunden werden. Gleichzeitig kann der Händler diesen Post auf Facebook, Tumblr, Twitter, Flickr und Foursquare in einem Arbeitsgang verbreiten (teilen). Die Fotos können von anderen Usern mit „Gefällt mir" markiert oder kommentiert werden. Andere Instagram-Nutzer können das Profil des Händlers abonnieren und bekommen so automatisch alle Neuigkeiten beziehungsweise neuen Posts des Händlers auf Ihrer Startseite gezeigt. Gefällt (oder missfällt) ein Foto, so kann es bewertet und kommentiert werden. Es sind auch weitere **gruppendynamische** Empfehlungen möglich, beispielsweise „Shoutouts", welche spielerisch zur Verbreitung eines Accounts beitragen.

Instagram ist wie WhatsApp mittlerweile **im Besitz von Facebook**, sodass im Laufe der Zeit mit mehr Verbindungen zwischen diesen drei Diensten zu rechnen ist. Gleichzeitig kappen Dienste wie Twitter und andere Schnittstellen zu den Programmen aus der Facebook-Familie, was die übergreifende leichte Nutzung erschwert und die steigende Härte im Millardengeschäft der sozialen Dienste aufzeigt.

Aus Sicht des Unternehmens sind fotobasierte Social-Media-Dienste wie Instagram, aber auch Flickr, Tumblr und Pinterest insofern interessant, dass hier eine **emotionale Ansprache** erfolgt. An die Stelle der harten (Produkt-)Fakten oder ewigen Preiskämpfe (was im Handel ja meist Rabattangebote bedeutet) treten hier Fotos und Kurzvideos – und diese wirken über Emotionen. Die Ansprache muss über Fashion, Style, Farben oder gruppendynamische Effekte (der Wunsch, dazuzugehören, geliebt bzw. wahrgenommen zu werden) erfolgen. Gelingt dies erfolgreich, so ist die Händlermarke fest im Bewusstsein der User.

Die Schwierigkeit besteht im **Verstehen** des jeweiligen sozialen Mediums. So versuchen die jeweiligen Social-Media-Plattformen, sich von anderen Kanälen abzugrenzen und „anders" zu sein; sie haben ihre Kundengruppen zum Teil selbst definiert. Und jede Kundengruppe sucht sich natürlich die Community, die am besten zu ihr passt. Rezepte und Unternehmensstrategien, die bei Facebook funktionieren, können bei Instagram scheitern, wenn das Gefühl für dieses spezielle Medium nicht vorhanden ist. Instagram-Nutzer beispielsweise scheinen jünger und modisch interessierter zu sein als die mittlerweile schon als seriös einzustufenden Facebook-Mitglieder – so könnte man jedenfalls die folgende Gegenüberstellung interpretieren, bei der die Abonnenten der Instagram- beziehungsweise Facebook-Seiten der drei Marken Samsonite, Triangl und To Die For miteinander verglichen werden, wie die folgende Tabelle zeigt.

Tabelle 8: Instagram und Facebook im Schnellvergleich

Marke / Abonnenten	Samsonite[1]	To Die For	Triangl
Facebook	ca. 102000	ca. 25000	ca. 221000
Instagram	ca. 4000	ca. 171000	ca. 2200.000

1 Ohne regionale Ableger.

Quelle: Eigene Abfrage der Portale (7. April 2015).

Deutlich sieht man den Schwerpunkt der eher seriösen und börsennotierten Weltmarke Samsonite bei Facebook, während der Instagram-Kanal eher wenige Abonnenten anziehen kann. Ganz anders die Swimwear-Marke To Die For, die siebenmal so viele Instagram- als Facebook-Abonnenten hat. Noch deutlicher verhält es sich mit der Swimwear-Marke Triangle, die auf Instagram zehnmal mehr Abonnenten um sich scharen kann als auf Facebook – im Vergleich mit Samsonite sind das doppelt so viele Facebook-Abonnenten und über 500-mal so viele Instagram-Abonnenten. Zwar ist diese kleine Erhebung noch lange nicht allgemein gültig, doch Fakt ist: Die verschiedenen sozialen Medien haben Charakteristiken und Zielgruppen, die sie für unterschiedliche Unternehmen und Marken **unterschiedlich interessant** machen.

YouTube

Das zu Google gehörende **Videoportal** YouTube ist weiterhin mit Abstand Marktführer in Deutschland. Unternehmen können hier einen eigenen Kanal gestalten, eigene Videos hochladen oder auch andere empfehlen (beispielsweise befreundete Marken oder Unternehmen). Zusätzlich werden ähnlich einer Visitenkarten-Webseite Informationen über das Unternehmen aufgelistet. Hier werden auch alle anderen sozialen Medien des Unternehmens aufgelistet.

Von all den verschiedenen Genres aller möglichen Videos kommen vor allem **zwei Richtungen** für Unternehmen infrage: Tutorials und emotional aufgeladene Aufnahmen von Veranstaltungen oder Produkten. Während sich **Tutorials** als stetig wachsende Datenbank für Anwendungen aller Art (technische Erklärungen, Produktvorstellungen, Produktvergleiche etc.) zu einem modernen Videolexikon entwickeln, welches sowohl für Suchmaschinen als auch für Kunden interessant ist, haben **Berichte über Produkte und Veranstaltungen**, meist mit Musik hinterlegt und mit Schnitteffekten verbessert, die Chance zur emotionalen Aufladung der Händlermarke (mehr dazu auch im Kapitel „Marketing“ ab Seite 99).

WhatsApp

Sicher ist es statthaft zu fragen, ob ein **Messengerdienst** zu den sozialen Netzen gehört – eine genaue Abgrenzung ist jedoch mittlerweile nicht mehr möglich. WhatsApp in Verbindung mit all seinen Möglichkeiten wie dem Gruppenchat zieht mehr und mehr junge Menschen von Facebook ab. Nicht zuletzt deshalb hat Facebook sich diesen Messenger gesichert. Noch ist WhatsApp kostenlos beziehungsweise sehr kostengünstig, früher oder später aber wird es auch Einnahmen generieren müssen. Momentan geschieht dies in Form von Kundendaten – doch es ist gut möglich, dass in Zukunft auch kostenpflichtige Angebote für Unternehmen hinzukommen werden.

Heute wird WhatsApp schon **vereinzelt in Unternehmen** eingesetzt. So nutzt beispielsweise die Unternehmerin den Messenger, um direkten Kontakt mit ihrem Personal an verschiedenen Standorten zu halten, um Personaleinteilungen zu managen und Informationen zu verteilen. An anderer Stelle setzt der engagierte Verkäufer WhatsApp ein, um direkten persönlichen Kontakt mit ausgewählten Kunden zu halten und so echte 1-zu-1-Kommunikation zu betreiben oder um über einen Gruppenchat ausgewählten Kunden bevorzugte Informationen zu senden. Auch Tageszeitungen haben schon erfolgreiche Versuche unternommen, mittels WhatsApp mit ihren Lesern zu interagieren.

Das hier **schlummernde Potenzial** weiterer Entwicklungen muss nicht nur gehoben, sondern auch unternehmenstauglich in Bahnen entwickelt werden. Gerade in Bezug auf die interne Kommunikation und den direkten Kundenkontakt müssen gewisse Rahmenbedingungen geklärt werden. Wie wird gewährleistet, dass die aufgebauten Kundenbeziehungen und damit der Zugriff auf den Kundenwert in Krankheits- oder Urlaubszeiten ordentlich gepflegt werden – und beim Wechsel des Verkäufers zur Konkurrenz nicht mitgenommen werden? Wie werden gesetzliche Aufzeichnungspflichten aller wirtschaftlichen Kommunikation eingehalten? Spätestens wenn es im Streitfall um Geld geht, wird es hier spannend. Ab einer gewissen Relevanz für das Unternehmen sollte man sich hierüber also Gedanken machen, ohne die Entwicklung zu bremsen, erobert doch gerade dieser Dienst große Teile der Bevölkerung.

Twitter

Twitter ist sicher der bekannteste **Microblogging-Dienst** und zählt mittlerweile ebenfalls zu den sozialen Netzwerken. Die bekannte Beschränkung auf 140 Zeichen, die man mit jeder Twitter-Meldung (Tweet) verbreiten kann, geben dem Dienst auch seine Charakteristik. **Kurz und treffend** muss die Meldung sein. Mittels Hashtags kann man bestimmte Begriffe herausheben und wird so auch in der allgemeinen Suche schneller gefunden. In der Regel liest aber nur der die Tweets, der dem Autor folgt. Es geht also darum, nach einer kostenlosen Anmeldung möglichst viele Follower zu generieren und diese regelmäßig auch zu informieren. Finden diese den Tweet gut, können sie ihn favorisieren oder weiterleiten (Retweet) und so für mehr Follower und mehr Aufmerksamkeit sorgen. Inzwischen gibt es auch für Unternehmen **Werbemöglichkeiten** auf Twitter: Mithilfe von Zielgruppendefinitionen können Tweets gesponsert oder gezielt Personengruppen angesprochen werden, um somit mehr Aufmerksamkeit in der richtigen Zielgruppe zu erregen. (Mehr dazu unter https://ads.twitter.com)

Bei aller Bekanntheit von Twitter stellt sich die Frage, ob es für die Werbung von kleineren Unternehmen das richtige Medium ist. Extrem wirksam ist Twitter sicher zur Nachrichtenverbreitung weltweit, gerade im politischen Bereich werden regionale und nationale ebenso wie internationale Tweets stark beachtet. Aber auch die Tweets internationaler Stars und Sternchen gehören zu den meistgelesenen. Oft werden Tweets auch teilautomatisiert gesendet, wenn neue Beiträge in Blogs oder auf YouTube eingestellt werden, um so die Leser/Zuschauer zu informieren. Zur **gezielten Kundenkommunikation** können Tweets aber ebenso eingesetzt werden; bestes Beispiel hierfür sind Großunternehmen wie die Deutsche Bahn oder Lufthansa. Inwieweit die Kunden bereit sind, sich mittels dieses Kanals über kleinere Unternehmen zu informieren oder gar mit ihnen in die Kommunikation zu gehen, muss im Einzelfall geprüft werden.

Social Media und Impressum

Alle Aktivitäten eines Unternehmens im Internet und damit auch bei sozialen Diensten müssen als Teil ihrer wirtschaftlichen Tätigkeit gesehen werden. Es empfiehlt sich deshalb, bei allen Aktivitäten die Vorschriften eines Webshops einzuhalten und das Impressum entsprechend dem eines Shops aufzubauen. Viele Dienste bieten dafür aber keine Möglichkeit, zumal sie zum größten

Teil US-amerikanischen Ursprungs sind und sich um die Rechtslage einzelner Länder keine Gedanken machen (können) – meist aber, weil die meisten sozialen Medien nicht für Unternehmen, sondern für Privatleute und deren Kommunikation erfunden wurden. Bei Facebook ist es problemlos möglich, ein Impressum zu erstellen, doch andere Social-Media-Kanäle bieten diese Möglichkeit nicht.

Daher der Tipp: Wenn sich die nach deutschem Recht notwendigen Angaben nicht eingeben lassen, können Sie diese Angaben in einem Grafikprogramm erstellen und als Grafikdatei (.jpg oder .gif) abspeichern. Dieses Bild versehen Sie mit der Überschrift „Impressum" und pflegen es gut auffindbar in Ihren Social-Media-Auftritt ein. Kontrollieren Sie regelmäßig, ob der Anbieter die Impressumsfunktion nicht doch nachgerüstet hat – dann sollten Sie so bald wie möglich die neue Funktion nutzen. Für den aktuell richtigen Aufbau eines Impressums sollten Sie stets Ihren Anwalt befragen.

XING und LinkedIn

Die beiden Portale XING und LinkedIn sind soziale Netzwerke explizit für die Pflege von **Geschäftskontakten**. Während XING größtenteils Mitglieder aus Deutschland hat, orientiert sich LinkedIn internationaler mit US-amerikanischem Schwerpunkt.

Die Nutzung und Datenpflege von **Businessnetzwerken** ist in erster Linie nicht für die Kommunikation mit Endkunden gedacht, sondern zur Pflege von Kontakten zu Herstellern, Markenlieferanten, Dienstleistern, Geschäftskunden (B2B) oder zur Personalsuche. Die Kontaktpflege über diese Netzwerke ist Teil eines Unternehmensmarketings, um Zugang zu den besten Lieferanten und Dienstleistern zu haben. Die Struktur ist noch stark auf einzelne Personen bezogen, entwickelt sich aber hin zu einer unternehmensbezogeneren Sichtweise. Einige Tools – von der Suchfunktion bis hin zu Branchengruppen, bei denen man mit einem Klick Mitglied werden und sich austauschen kann – sind stark auf die Belange von Beratern und Dienstleistern zugeschnitten. Trotzdem ist es ein (meist kostenpflichtiger) effizienter Weg der Kommunikation mit wichtigen (potenziellen) Geschäftspartnern. Im ersten Schritt ist die Konzentration auf eines der beiden Netzwerke sicher ausreichend.

Ihre Kunden – Ihre Entscheidung

Zusammenfassend lässt sich sagen, dass eine Auswahl der hier gezeigten sozialen Medien früher oder später in das **Marketing- und Kommunikationskonzept** einer jeden Unternehmung integriert werden muss. Eine Mischung aus unvoreingenommenen Tests und geplantem strategischen Vorgehen ist der Weg zur Integration der richtigen Medien in das Unternehmen. Ohne **personelle und materielle Ressourcen** ist eine Umsetzung aber nicht möglich; darüber muss sich jeder Unternehmer, der über den Einstieg in die sozialen Medien nachdenkt, im Klaren sein – aber auch darüber, dass Social Media ein fast unumgängliches Marketingthema ist, das in Zukunft noch mehr an Bedeutung gewinnen wird.

Mit seinen Kunden so offen zu kommunizieren und auch keine Angst vor öffentlichen negativen Einträgen zu haben, ist ein neuer, aber notwendiger Weg. Aus kritischen (und positiven) Anmerkungen zu lernen, ist ein Teil dieses Weges, der zur Belohnung aber auch zu mehr Kundenbindung und Unternehmenserfolg führt. (Mehr dazu auch im folgenden Kapitel „Kunden mit Meinung".)

Mehr zu aktuellen Entwicklungen auf Social-Media-Plattformen erfahren Sie unter folgendem Link:

www.derhandel.de/PraxisfuehrerE-Commerce

Kunden mit Meinung: Bewertungen

Ein Onlineshop ohne Bewertungen ist heute nicht mehr vorstellbar – zumindest aus Kundensicht. Dabei ist zu unterscheiden zwischen der **Bewertung der Produkte** und der **Bewertung des Verkäufers**. Beides bieten für Onlineshops unter anderem Trusted Shops oder eKomi in verschiedenen Ausprägungen an. Einige Preissuchmaschinen wie beispielsweise idealo.de oder billiger.de offerieren ebenfalls eine einfache und hier kostenlose Möglichkeit der Verkäuferbewertung.

Doch es gibt auch gute Gründe für stationäre Händler und Anbieter von Dienstleistungen, sich selbst um die Bewertung seines Unternehmens, seiner Filiale oder seines Personals durch potenzielle oder echte Kunden zu kümmern. Denn eines ist klar: Auch wenn das Unternehmen es nicht möchte oder nichts davon weiß, Kunden können online jederzeit Bewertungen schreiben und verbreiten, ohne dass das Unternehmen gefragt oder informiert wird. Es ist eine **Holschuld**, möchte der Unternehmer darüber informiert werden, was über ihn im Internet verbreitet und gedacht wird.

Bewertungsportale für Händler

Sucht man Bewertungsmöglichkeiten für Händler, so fällt auf, dass es viele Portale mit Kundenbewertungen im Internet gibt. Bei genauem Hinsehen sind die bewerteten Händler allerdings **oft Onlineshops**, beispielsweise galeria-kaufhof.de und nicht die stationäre Kaufhof-Filiale in einem Ort. Es liegt auf der Hand, dass online schneller und leichter tausende Bewertungen generiert werden können, denn der Kunde ist bereits online und die Bewertung ohne großen Aufwand geschrieben. Im Gegensatz zur Onlinebewertung des stationären Einkaufs ist beim Onlineeinkauf kein Medienbruch bei der Bewertung vorhanden. Sicher der stärkste Grund, warum offensichtlich im Vergleich zum Internethandel erheblich weniger Bewertungen von stationären Geschäften zu finden sind. Ein reines **Portal zur Bewertung stationärer Händler** scheint es gar nicht zu geben. Ist damit das Thema für den Unternehmer erledigt? Nein, der potenziell unzufriedene Kunde findet einen Weg, um seinem Unmut freien Lauf zu lassen und seine Meinung kundzutun, beispielsweise bei yelp.de

Bewertungen bei yelp.de

Bereits die Startseite von Yelp gibt einen Hinweis darauf, was am meisten bewertet wird: Entgegen dem Slogan „Bei Yelp tauscht ihr euch darüber aus, wo man am besten isst, einkauft, ausgeht, sich erholt oder austobt", sieht man an der Anzahl und Struktur der Bewertungen, dass die für mitteilsame und meinungsfreudige Kunden relevanten Themen Essen und Trinken sowie Events und Partys zu sein scheinen, weniger das Einkaufserlebnis. Die Bewertungen von lokalen Händlern und Dienstleistern fallen relativ dürftig aus – doch es gibt sie, und ihre Wirkung ist trotz ihrer geringen Zahl nicht zu unterschätzen. Auf Yelp kann jede einzelne Filiale, jeder Standort beschrieben und bewertet werden, und ebenso auch Handwerker, Friseure, Ärzte und so weiter. Und gerade weil es meist **so wenige Bewertungen** gibt, sind diese **besonders wichtig**.

Die Wirkung eines Portals und deren Bewertungen hat Yelp vor einiger Zeit in Deutschland gezeigt – als die Bewertungen nicht mehr da waren. Das wahrscheinlich anders geplante Experiment fand 2013 statt, als Yelp die Webseite Qype, das deutsche Pendant, abschaltete. Yelp hatte Qype 2012 gekauft und die Integration für 2013 geplant; doch als es um die Zusammenführung dieser beiden offensichtlich technisch unterschiedlich arbeitenden Systeme ging, wurden in vielen Fällen nur die negativen Kritiken übernommen, andere Dienstleister verschwanden völlig oder rutschten von den vorderen Plätzen in ihrer Stadt auf die hinteren.

Wurden vor dieser Zeit noch Untersuchungen gemacht, ob bei einer Veränderung der Bewertung um einen Stern bei einem Restaurant Umsatzeinbußen oder eine nachlassende Frequenz nachweisbar wären, so konnte diese Annahme gerade für kleine Unternehmen jetzt schlagartig bewiesen werden. Das Medienecho war groß, die Unternehmer berichteten von **massiven Auswirkungen**, Anwälte und Gerichte wurden bemüht. Diese Wirkung auf den Ertrag bestimmter Unternehmen kommt nicht nur von Seiten wie Yelp selbst, sondern auch dadurch, dass andere Seiten oder Apps die Daten beispielsweise in ihre Stadtführer übernehmen und die Wirkung so verstärken. Außerdem werden Bewertungsportale bei Suchmaschinen wie Google & Co. aufgrund ihrer ständigen Aktualität sowie der großen Informationsmengen über Städte, gerade bei der lokalen Suche, also bei der Abfrage nach einem Ort plus einer Eigenschaft, gut gelistet.

Hausaufgaben für Händler

Anhand von Suchmaschinenabfragen kann der Unternehmer herausfinden, welche Bewertungsportale überhaupt in seiner Stadt über Betriebe seiner Branche Eintragungen listen. Dies können Yelp, das dänische Trustpilot oder andere Unternehmen sein.

Wenn Sie die für Sie **relevanten Bewertungsportale** identifiziert haben, sollten Sie in der Regel folgendermaßen vorgehen:

- Unternehmen eintragen
- Inhalte pflegen
- Bewertungen erhalten
- Auf Bewertungen reagieren
- Vertrauen für Kundendialog und Marketing nutzen

Unternehmen eintragen

Die Bewertungsportale haben die meisten Handels- und Dienstleistungsunternehmen mit einfachen Daten wie Namen und Straße erfasst. Ein Unternehmen muss aber nicht überrascht sein, wenn dort bereits weitere Beschreibungen, Fotos und die ersten Bewertungen vorhanden sind. Jeder kann diese Inhalte einpflegen, solange der Inhaber sich nicht als solcher ausgibt und sich für den Eintrag als zuständig erklärt. Dies wäre dann der erste Schritt, welcher von Portal zu Portal unterschiedlich zu handhaben ist – also entweder **Erstanlage oder „Inbeschlagnahme"**.

Hier fällt meist erstmals auch die Entscheidung, ob ein Standardeintrag zunächst ausreicht oder ein kostenpflichtiges Update gebucht wird. **Standardeinträge** sind in der Regel kostenfrei. Die Entscheidung, ob ein **Upgrade** sinnvoll ist, hängt einmal vom Angebot der Dienstleistungen, aber auch von der Einschätzung des Potenzials ab, die man einem verbesserten Listing zuschreibt; all das sind notwendige Informationen, die für den Erstanwender zu diesem Zeitpunkt allerdings noch nicht vorliegen. Da eine Höherstufung in aller Regel immer möglich ist, dürfte der Beginn mit dem Standardeintrag genügen. Danach kann der Händler die **Zusatzangebote** der Portale testen. Mit der Zuweisung des Geschäftseintrags zum Unternehmen und der Hinterlegung der Mailadresse ist in der Regel sichergestellt, dass das Unternehmen automatisch informiert wird, wenn eine Bewertung oder ein Kommentar hinterlassen wird.

Inhalte pflegen

Die Datenpflege ist der zweite Schritt. Hier sollten die **Standardangaben** wie Öffnungszeiten, Telefonnummern, Parkmöglichkeiten, akzeptierte (Kredit-)Karten – kurz alles, was der Kunde auf den ersten Blick über ein zu besuchendes Unternehmen wissen möchte – aufgezählt werden. Die **ersten Fotos** des Unternehmens und seiner Produkte folgen im nächsten Schritt. Auch hier sind, wie bei allen Onlineaktivitäten, die Fotorechte der verwendeten Bilder zu beachten. Nicht alle Herstellerfotos sind zeitlich unbegrenzt auch anderswo einsetzbar. Ladeninnenaufnahmen sind bei Kunden sehr beliebt. Nicht umsonst bietet Google teilweise schon den Dienst an, Verkaufsräume selbst von innen aufzunehmen.

Zum Schluss müssen Such-, Stich- oder Schlagworte angegeben werden. Händler sollten sich an dem orientieren, worunter der Eintrag gefunden werden soll. **Wonach sucht der Kunde?** Was wird er in die Suche eingeben? Dies können einerseits die wichtigsten Marken im Laden und andererseits generische Suchbegriffe wie „Koffer“, „Tasche“ und „Töpfe“ sein. Diese Begriffe nutzt das Portal für seine eigene Suche, aber auch für die Suchmaschinenoptimierung und Werbung bei Google & Co. Je genauer diese Begriffe gewählt sind, desto eher erreicht man seine potenziellen Kunden.

Bewertungen erhalten

Es ist ein Marketingklassiker: Die Wirkung negativer Mundpropaganda eines unzufriedenen Kunden ist um ein Vielfaches wirkungsvoller als das leise Lob eines zufriedenen Kunden. Dies hat sich auch in Zeiten des Internets nicht verändert. Ein **unzufriedener Kunde** findet es gar nicht aufwändig, sich bei einem Bewertungsportal erstmals anzumelden und seine Unzufriedenheit zu bekunden. Die kritischen Bewertungen kommen von alleine, denn es kommt immer einmal dazu, dass im Kundenkontakt etwas unrund läuft. Um ein Vielfaches schwieriger ist es, einen **zufriedenen Kunden** eines stationären Geschäfts dazu zu bewegen, später zuhause oder im Büro, wenn der Einkauf mental lange her und abgeschlossen ist, auf einem Bewertungsportal aktiv zu werden.

Wie das gelingen kann, dafür gibt es keine Patentrezepte. Sie können auf Ihrer Website einen Button einbauen – „Empfehlen Sie uns auf Yelp.de!“ – oder diesen in die Signatur Ihrer E-Mails beziehungsweise Newsletter einbauen. Einige Bewertungsportale bieten Flyer oder Sticker an, die Sie in Ihrem Laden verteilen können, so werden Ihre Kunden zumindest schon einmal auf die Möglichkeit der Bewertung aufmerksam; dennoch müssen Sie alle irgendwie **zur positiven Bewertungsabgabe motiviert** werden. Einzelne Dienstleister und Händler schaffen es immer wieder, ihre Kunden zu aktivieren. Da gibt es diejenigen, die echte Wow-Erlebnisse für ihre Kunden generieren, oder andere, die einfach im persönlichen Beratungsgespräch eine Kundenzufriedenheit aufbauen, die so lange andauert, dass der Kunde die Mühe eines Kommentars auf sich nimmt. Mit steigender Durchdringung der Internetnutzung auf dem Handy wird dies sicher zukünftig einfacher werden. Im Vorteil ist immer derjenige, der im direkten Kontakt mit dem Kunden steht. Doch nur mit einem systematischen Vorgehen kann der Aufruf zur positiven Bewertung dauerhaft in das Verkaufsgespräch eingebaut werden.

Vorsicht vor dem Kauf guter Bewertungen!

Dringend abzuraten ist vom „Kauf“ guter Bewertungen. Kunden sollten nicht durch materielle Anreize dazu gebracht werden, „unrichtige“, weil zu positive Bewertungen zu schreiben. Nicht nur, dass der Unternehmer sich juristisch angreifbar macht. Man kann sich auch schnell den Ruf unter den Kunden ruinieren und so das Gegenteil erreichen. So viel Selbstvertrauen sollte jedes Unternehmen aufbringen: Es gibt sicher zufriedene Kunden, sonst hätte die Unternehmung keine Berechtigung am Markt. Diese Kunden gilt es jetzt zu aktivieren. Hier sind Phantasie und Systematik gefragt.

Auf Bewertungen reagieren

Wann und wie muss das Unternehmen auf eine Bewertung reagieren? Bei positiven Bewertungen ist es unüblich zu reagieren – dennoch können Sie das tun, um eine gewisse Nähe zu Ihren Kunden aufzubauen. Besonders schön und lobend verfasste Bewertungen freundlich zu kommentieren, sorgt dafür, dass der Kunde sich wahrgenommen fühlt, schafft Vertrauen und Sympathie. Das ist kein Muss, aber eine nette Geste. Anders hingegen sieht es bei neutralen oder negativen Bewertungen aus: Hier besteht **Handlungsbedarf**. Je nach Regelwerk des Portals wird vor oder mit der Veröffentlichung einer Bewertung das Unternehmen informiert. Bei Systemen, die vor der Veröffentlichung den Verkäufer informieren, ist dies die bewusste Aufforderung zum **Dialog mit dem Kunden**. Der Händler soll auf den Kunden eingehen, versuchen, ihn zufriedenzustellen, und hat einige Zeit, die Angelegenheit so zu regeln, dass der Kunde seine neutrale oder negative Bewertung doch noch vor Veröffentlichung zu einer besseren ändert. Andere Portale möchten diese Diskussion offener gestalten und veröffentlichen die Kritik direkt.

In allen Fällen der Unzufriedenheit der Kunden ist eine Reaktion des Unternehmens angeraten. Situationsbedingt ist alles möglich und aus Kundensicht erwünscht: die einfache Entschuldigung, die objektive Erklärung oder die Klarstellung. Alle Interessierten können öffentlich mitlesen. Oft bestimmen **Tonalität und Wortwahl** der Händlerantwort die Wirkung auf potenzielle Kunden – lassen Sie sich niemals dazu hinreißen, auf eine unsachliche Kritik ebenso zu reagieren, egal, wie hanebüchen die Vorwürfe sind. Die anderen Leser können durchaus differenzieren zwischen **berechtigter und unberechtigter Kritik**, wenn beispielsweise Dinge eingefordert werden, die der Händler nicht leisten kann. Hierbei muss der Händler auch mit vereinzelten, aber glücklicherweise seltenen „Erpressungsversuchen“ souverän umgehen, wenn Kunden damit drohen, extrem schlechte Bewertungen zu schreiben, falls das Unternehmen nicht die gewünschte Reaktion zeigt.

Vertrauen nutzen

Im Laufe der Zeit kann sich gerade bei aktiven Händlern eine Menge von Bewertungen einer Verkaufsstelle ansammeln. Diese werden gerne von Kunden, aber auch potenziellen Bewerbern einer ausgeschriebenen Arbeitsstelle, Vermietern oder Finanziers als **Vorabinformation** gelesen. Hierbei geht es nicht um jede einzelne Bewertung, sondern um die Struktur der positiven und negativen Kommentare. Daher ist es so wichtig, gerade von den vielen zufriedenen Kunden einige für die Abgabe eines positiven Statements zu gewinnen. Liegt ein stabiles positives Gesamtbild, gerne **„Trust“** genannt, in den Bewertungen vor, ist es umgekehrt durchaus möglich und sinnvoll, dieses Gesamtbild auch in die Kommunikation mit den geschilderten Gruppen wie Bewerbern und Vermietern einzubinden. Auch wenn es für Bewerber gesonderte Arbeitgeber-Bewertungsportale wie kununu.com (2013 von XING übernommen) gibt, werden allgemeine Bewertungsportale noch stark beachtet. Vor allem bei Spezialportalen liegen oft keine oder kaum Informationen über kleinere Unternehmen vor, sodass allgemeine Bewertungen wieder ins Spiel kommen.

Sie sollten auf jeden Fall die **positive Gesamtbewertung** in die gesamte Kommunikation mit Ihren Kunden integrieren, zum Beispiel durch die Verlinkung besonders lobender Kommentare auf Ihrer Website. Und auch **negative Kritik** bringt Sie weiter – wenn beispielsweise immer wieder moniert wird, dass die Mitarbeiter unfreundlich seien, könnten Sie sie entsprechend schulen; wenn lange Versandzeiten kritisiert werden, könnten Sie Ihre Logistik überdenken. Nehmen Sie die Kritik an, wenn Sie berechtigt ist, und reagieren Sie darauf.

Zusammenfassend lässt sich sagen, dass die Bewertung einer Verkaufsstelle in öffentlichen Bewertungsportalen bereits Realität geworden ist, unabhängig davon, ob das Unternehmen dies möchte oder geplant hat. Sind die Auswirkungen im Handel noch lange nicht so gravierend wie beispielsweise im Hotelgewerbe, so ist mit **steigender Relevanz** zu rechnen. Die Bewertungen können nicht nur Auswirkungen auf Kunden, sondern auf alle Geschäftspartner eines Unternehmens haben. Händler sollten sich deshalb aktiv um die über ihn verbreiteten Meinungen kümmern.

Daten klug nutzen

Von 2000 bis 2002 sind so viele Daten entstanden wie in den 40 000 Jahren zuvor. Von 2003 bis 2005 hat sich diese Datenmenge wiederum vervierfacht. Und das weltweite Datenvolumen soll im Jahr 2014 Schätzungen zufolge auf 4,4 Zettabytes gestiegen sein – ein Zettabyte ist eine Eins mit 21 Nullen. Willkommen in der schönen neuen Welt der Algorithmen: Daten zu sammeln ist sinnvoll, aber nur, wenn man sie analysiert und etwas daraus macht – im Internet wie auch stationär.

Dabei können sich nicht nur große Handelsunternehmen das gesammelte Wissen zunutze machen; vielmehr können auch kleine und mittelständische Händler online wie offline von der **Analyse ihrer Datenschätze** profitieren. Denn Big Data ist auch für ein „small Business" geeignet – zumal viele Softwareanbieter Analysewerkzeuge in den Webshop eingebaut haben. Bei der Wahl der Shopsoftware sollte der Händler somit darauf achten, welche Analysemöglichkeiten schon vorhanden sind, aber auch, dass passende Schnittstellen für externe Analysetools wie Google Analytics oder etracker vorhanden sind.

Kostenlose Analysetools

- google.com/analytics
- qualidator.com
- seitwert.de

Je kleiner das System und je spärlicher die Informationen, desto schwieriger ist es zwar, die Daten „übereinanderzulegen", um zu brauchbaren Ergebnissen zu kommen, aber was automatisierte Analysewerkzeuge teuer macht, kann ein kleiner Onlinehändler anfangs auch vergleichsweise einfach **nachahmen**: Dazu sollte er sich die vorhandenen Daten erst einmal einzeln anschauen. Denn in allen gängigen

Tabellenprogrammen gibt es Split-Ansichten, an denen der Händler beispielsweise gut ablesen kann, welche Produkte wann verkauft wurden und wann es in dem Shop zu den sogenannten Lastspitzen kam.

Best Practice
Yusimi.de: Webshop-Optimierung

Friederike Voswinckel nutzt rund um Marketing und Webshopoptimierung verschiedene Datenanalysetools. In ihrem Webshop Yusimi.de – die Lautschrift von You see me – verkauft sie seit Mai 2012 selbst entworfenen und handgearbeiteten Schmuck aus Perlen und Halbedelsteinen zu bezahlbaren Preisen.

„Ich schaue unter anderem, wie sich die Besucher in meinem Shop bewegen, wo sie länger verweilen und wo sie abspringen“, berichtet Voswinckel. Durch die Datenanalyse hat sie zum Beispiel herausgefunden, dass sie mehr Schmuck verkauft, wenn ein Model ihn trägt, als wenn er nur „alleine“ fotografiert wurde. „Die Kunden wollen eine Vorstellung haben, wie beispielsweise eine Kette aussieht, wenn sie sie tragen“, erläutert die Onlinehändlerin. „Schmuck ist erklärungsbedürftig, deshalb müssen auch die Texte aussagekräftig sein, etwa wie schwer oder lang eine Kette ist oder welchen Verschluss sie hat.“

Zudem nutzt die Onlinehändlerin die Daten auch, um Kunden individuelle Newsletter schicken zu können. „Kauft beispielsweise ein Mann eine Kette an einem bestimmten Tag, verschenkt er sie vermutlich. Also schicken wir ihm zu weiteren Anlässen gezielte E-Mails mit bestimmten Produktinformationen“, erläutert die Schmuckhändlerin. Den Erfolg von Gutscheinen misst sie ebenfalls: „Dort bringt ein festgesetzter Barwert mehr als Prozente zu gewähren“, hat sie herausgefunden. „Die Kunden bevorzugen offenbar den gefühlten Zehn- Euro-Schein in der Tasche.“

Ausreißer kann die Onlinehändlerin auch genau erkennen und analysieren. So war zum Beispiel die Retourenquote überdurchschnittlich hoch, nachdem der Shop eine Aktion in einer Lifestyle-Zeitschrift angeboten hatte. „Üblicherweise wird nicht einmal ein Prozent der Schmuckstücke zurückgeschickt. Ich führe das darauf zurück, dass die Qualität des Schmucks die Kunden überzeugt, ich aber auch keinen Rechnungskauf anbiete“, berichtet sie. Verwundert über die unüblichen Rücksendungen, sah sie sich die vorhandenen Daten genauer an: „Die vergleichsweise hohe Retourenquote kam zustande, weil die Kunden noch recht jung waren. Teenager bestellen sich offenbar eine Auswahl, von der sie nicht alles behalten wollen.“

Nachgefragt bei ...

Dr. Peter Breuer, Director bei der Unternehmensberatung McKinsey & Company in Köln.

Wieso sollte ein Händler in Big-Data-IT-Systeme investieren?

Big Data ist das Riesenthema für den Handel. Wer das verschläft, hat bald Probleme. Händler verfügen über einen unfassbaren Datenschatz an Kundenwissen, sei es über Bons, Kundenkarten oder das Einkaufs- und Surfverhalten im Onlineshop. Dadurch können sie den Kunden das bessere Sortiment, den besseren Preis und bessere Aktionen als ihr Konkurrent anbieten. Mit Amazon gibt es einen neuen Mitspieler in der Branche, der das alles quasi vollautomatisch macht. Daran sollten sich Händler – auch stationäre – orientieren.

Wie weit sind die deutschen Handelsunternehmen bei dem Thema?

Die deutschen Händler hinken im Vergleich etwa zu den USA und England hinterher. Das liegt vor allem daran, dass hierzulande das Thema Kundenkarte lange Zeit sträflich vernachlässigt wurde. Der britische Lebenshändler Tesco hat seit 1996 eine Kundenkarte und weiß durch die Analyse der Bons zum Beispiel, welches Shampoo für Kunden austauschbar ist und welches er unbedingt ins Regal stellen muss. Aber auch in Deutschland wissen die Händler mittlerweile um die Bedeutung von Big Data und werden aktiv.

Worauf muss ein Händler achten, wenn er die Datenschätze heben will?

Zum einen muss er davon wegkommen, sein Bauchgefühl mit Daten untermauern zu wollen. Das muss andersherum laufen: Die Datensammlung und -analyse muss zuerst erfolgen, damit die besseren Entscheidungen getroffen werden können. Zum anderen ist es unerlässlich, Analytiker und Statistiker einzustellen und diese mit den klassischen Handelsmanagern, die oft als Lehrling im Unternehmen angefangen haben, zu versöhnen. Und schließlich braucht der Händler ganz andere IT-Systeme, eine ganz andere Architektur. Also lautet mein Rat: IT umbauen, Analytiker einstellen, Kundenkarte etablieren und Organisation umkrempeln.

Onlinesicherheit

Das Thema Sicherheit hat im Onlinehandel viele Facetten: So darf der Onlinehändler nicht vergessen, seinen Shop vor Hackern, Unachtsamkeit oder Naturgewalten zu schützen, und muss darauf achten, dass er die Daten, die er bereits hat, sichert und jederzeit wiederherstellen kann. Zudem muss sein Webshop den rechtlichen Bedingungen entsprechen. Für jedes dieser **drei komplexen Themen** sollte der Händler „sicherheitshalber" Fachleute engagieren.

Zusammen mit den Experten sollte der Onlinehändler ein umfassendes, auf seinen Webshop individuell zugeschnittenes **Sicherheitskonzept** erstellen und seinen Shop wie auch die restliche IT vor Angriffen von außen und Unbedachtheiten von innen schützen. Die Schnittstellen nach außen sind die „Türen", die er gegen Hacker, Viren, Trojaner und Massen-E-Mails (Spam) abschotten muss.

Dabei ist auch die **regelmäßige Pflege** unerlässlich: Der Werbshopbetreiber darf nicht vergessen, die jeweils neueste Softwareversion seines Shops und anderer Programme aufzuspielen. Denn dort werden Sicherheitslücken, sobald sie erkannt werden, von den Herstellern in aller Regel zügig behoben. Viele „Datenklau"-Skandale auch bei Handelsunternehmen wurden überhaupt erst möglich, weil die Unternehmer die Softwareaktualisierungen vernachlässigt hatten – und somit Hackerattacken, auf die die jeweiligen Programmierer eigentlich bereits reagiert hatten, schutzlos ausgeliefert waren.

Zudem sind die Daten, die ein Onlinehändler hat, sein wichtigstes Kapital. Deshalb muss er diese **regelmäßig sichern** – um sie im Falle eines Verlustes etwa durch Feuer, Wasser, Diebstahl oder einen Virus schnell wiederherstellen zu können. Weil es vergleichsweise teuer ist, die Daten sofort wiederzubekommen, sollte jeder Onlinehändler auch zu diesem sogenannten Backup ein individuelles Konzept erstellen und festlegen, welche Daten und IT-Systeme er nach einem Daten-GAU sofort wieder für den aktuellen Geschäftsbetrieb benötigt und auf welche er eine gewisse Zeit warten kann.

Kriminellen keine Chance

Fehlende Ressourcen, zu knappe Budgets und immer komplexere IT-Systeme: Es ist aus unterschiedlichen Gründen nicht so einfach, seinen Webshop abzusichern. Hinzu kommt, dass es unzählige IT-Sicherheitsprodukte und -berater gibt und es schwierig ist, bei den unterschiedlichen Lösungen den Überblick zu behalten.

Dabei muss die Erstellung und Umsetzung eines Sicherheitskonzeptes entgegen gängiger Vorurteile nicht zwangsläufig unbezahlbar sein. Wichtig ist vielmehr, dass der Onlinehändler **gesunden Menschenverstand** walten lässt, das Thema **Sicherheit gut organisiert** und seine **Mitarbeiter informiert und einbindet**. Denn potenzielle Angreifer sind äußerst erfinderisch – ihnen werden oft aus Unwissenheit Tür und Tor geöffnet. Außerdem gilt angesichts der immer neuen Ideen der Internetkriminellen, dass die Sicherheit im Onlineshop und der restlichen IT kein statischer Zustand ist, sondern ein ständiger Prozess.

Sicherheitsversäumnisse: Die Klassiker

Das Bundesamt für Sicherheit in der Informationstechnik (BSI) hat typische Fehler und Versäumnisse untersucht und quer durch die Branchen und Unternehmensgrößen einige Parallelen gefunden.

- **Die mangelhafte Sicherheitsstrategie** ist ein Dauerbrenner – IT-Sicherheit hat demnach oft einen zu geringen Stellenwert in Unternehmen und wird nur als Kostentreiber gesehen. Vor allem bei Neuanschaffungen wird das Thema Sicherheit vernachlässigt oder gar nicht erst bedacht.
- **Das Fehlen dauerhafter Prozesse** in den Unternehmen ist ebenfalls ein weit verbreiteter Fehler – das Sicherheitsniveau wird nicht aufrechterhalten. So werden Sicherheitsvorkehrungen in Einzelprojekten erarbeitet und beispielsweise Schwachstellen identifiziert, doch dann versäumen es viele Unternehmer, Prozesse zu definieren, die die Projektergebnisse und Ziele dauerhaft umsetzen. Viele Defizite sind dabei ein Ausdruck des schlechten internen Sicherheitsmanagements, warnt das Bundesamt für Sicherheit in der Informationstechnik: Teils fehlten klare Zuständigkeiten für sicherheitsrelevante Aufgaben, teils würden vereinbarte Maßnahmen nicht regelmäßig überprüft.
- **Die fehlende Dokumentation der Sicherheitsvorgaben** ist ein Problem der meisten kleineren und mittelständischen Unternehmen. Dabei hilft eine schriftlich fixierte, gut verständliche und nicht zu schwammig formulierte Sicherheitsrichtlinie allen Beteiligten, Sicherheitsverstöße zu vermeiden. In der Richtlinie sollten auch konkrete Hinweise enthalten sein, wie die einzelnen Punkte praktisch umgesetzt werden können.

- **Fehlende Kontrollmechanismen** erhöhen das Sicherheitsrisiko enorm. Bestehende Sicherheitsrichtlinien und -vorgaben sind nur dann wirksam, wenn ihre Einhaltung auch kontrolliert werden kann. Werden die bestehenden Vorschriften missachtet, kann es schnell zu Sicherheitslücken kommen.

- **Die leichtfertige Rechtevergabe** ist ein weiteres Problem vieler Unternehmen. Eine Regel der IT-Sicherheit ist das sogenannte Need-to-know-Prinzip: Jeder Nutzer und auch Administrator sollte nur auf diejenigen Datenbestände zugreifen und Programme ausführen dürfen, die er für seine tägliche Arbeit tatsächlich benötigt. Das bedeutet in der Praxis allerdings zusätzlichen administrativen und technischen Aufwand, sodass die Rechtevergabe oft nicht restriktiv genug gehandhabt wird. Doch wenn die meisten Mitarbeiter in einer gut vernetzten IT-Umgebung Zugriff auf sensible Daten und Programme haben, die sie gar nicht benötigen, können sie diese Daten versehentlich, durch Unkenntnis oder aber mit voller Absicht missbrauchen.

- **Fehler bei der Administration** sorgen in der Praxis für die mit Abstand meisten Sicherheitslücken – und nicht etwa Softwarefehler. Das liegt daran, dass die Standardanwendungen von Jahr zu Jahr komplexer werden, das Thema Sicherheit für Administratoren jedoch nur eine von vielen Anforderungen im Arbeitsalltag ist.

- **Die unsichere Vernetzung und Internetanbindung** ist neben den zahlreichen internen Sicherheitsschwachstellen die größte Gefahr für den Unternehmer: Er muss damit rechnen, dass diese Schwachstellen von Hackern aufgespürt und missbraucht werden. Das BSI beobachtet immer wieder, dass Informationen, Systeme und Teilnetze gar nicht oder nur unzureichend von offenen Netzen abgeschottet werden.

- **Bequemlichkeit** sorgt dafür, dass Sicherheitsmaßnahmen oft einfach vernachlässigt werden. So helfen die besten Richtlinien und Sicherheitsmaßnahmen nichts, wenn sie nicht beachtet werden. Klassiker dieser „Vernachlässigung“ sind beispielsweise, dass vertrauliche Dokumente oder E-Mails nicht verschlüsselt werden. Auch ist es ratsam, die Passwörter regelmäßig zu ändern, allerdings empfinden das die Nutzer genauso lästig, wie ihren PC mit einem Kennwort zu versehen und sich auch dann abzumelden, wenn sie ihren Arbeitsplatz nur kurz verlassen. Und es kommt auch vor, dass einem x-beliebigen Anrufer, der sich als neuer Mitarbeiter der IT-Abteilung ausgibt, Passwörter verraten werden – weil er so nett danach gefragt hat.

Buchtipp

Viele weitere Informationen rund um IT-Sicherheit und Sicherheitskonzepte finden Sie im „Leitfaden Informationssicherheit. IT-Grundschutz kompakt" des Bundesamts für Sicherheit in der Informationstechnik. Kostenloser Download unter: www.bsi.bund.de

Tipps rund um die Sicherheit

- Schützen Sie Ihren Server vor Schadsoftware und Hackern und installieren Sie eine Firewall.
- Halten Sie das Betriebssystem und alle Programme immer auf dem neuesten Stand.
- Sichern Sie den Server so, dass Programme nur mit der nötigen Berechtigung ausgeführt werden können.
- Dateien, die die Kunden hochladen, dürfen nur beschränkte Rechte besitzen.
- Sichern Sie mindestens einmal täglich Ihre Daten an einem anderen Ort als die Originaldaten.
- Lassen Sie nur sichere Passwörter zu.
- Protokollieren Sie jeden fehlgeschlagenen Login-Versuch und zeigen Sie ihn Ihren Kunden beim nächsten Login an.
- Legen Sie die Anzahl möglicher Fehlversuche fest und sperren Sie automatisch das Nutzerkonto („Account"), wenn die Zahl überschritten wird.
- Informieren Sie den Kunden via E-Mail automatisch über die Sperrung des Benutzerkontos.
- Nutzen Sie eine Verschlüsselung beim Austausch von Kundendaten.
- Bieten Sie sichere Zahlverfahren an.

Sichere Passwörter

Der Mensch ist ein Gewohnheitstier. Deshalb merkt er sich auch nicht gerne neue Passwörter. Kommt ein Hacker an die Login-Daten eines Kunden, hat er dementsprechend leichtes Spiel. Deshalb sollte der Webshopbetreiber den Kunden anleiten, wie er ein sicheres Passwort findet – und sich auch selbst daran halten.

- Vermeiden Sie zu einfache Passwörter: Namen, Kfz-Kennzeichen oder Geburtsdaten sind unsicher. Verwenden Sie **mindestens acht Zeichen**. Besonders sicher sind Passwörter mit **Sonderzeichen und Ziffern**.
- Konstruieren Sie ein **leicht zu merkendes** Passwort: Prägen Sie sich einen einfachen Satz ein, beispielsweise: „Ich benutze immer ein sicheres Passwort am Computer." Verwenden Sie dann von diesem Satz den ersten Buchstaben jedes Wortes. Im Beispiel ergibt sich das Passwort „IbiesPaC".
- Ändern Sie Ihre Passwörter: Ersetzen Sie voreingestellte Passwörter, etwa die des Herstellers bei Auslieferung von Computern, sofort durch **eigene Passwörter.**
- Ändern Sie Ihre Passwörter regelmäßig, jedoch nicht zu oft: beispielsweise alle 90 Tage, aber sofort, wenn das Passwort unberechtigten Personen bekannt geworden ist.
- Gebrauchen Sie keine alten Passwörter nach einem Passwortwechsel.
- Benutzen Sie für Ihre Anwendungen **unterschiedliche** Passwörter.
- Seien Sie vorsichtig mit Ihren Passwörtern. Schreiben Sie Ihre Passwörter nicht auf und geben Sie sie an niemanden weiter.
- Geben Sie Ihr Passwort immer unbeobachtet ein.
- Das Passwort des **EDV-Administrators** sollte nur diesem bekannt sein. Bewahren Sie es für den Vertretungsfall versiegelt und sicher auf.

Quelle: Netzwerk Elektronischer Geschäftsverkehr (NEG): www.ec-net.de (Stand Mai 2015).

Nachgefragt bei ...

Olaf Siemens, EVP ICT & Business Solutions TÜV Rheinland.

Woran liegt es, dass immer wieder Internetseiten von Handelsunternehmen gehackt werden?

Ein Internetauftritt ist keine statische Seite, sondern es kommt immer mal etwas hinzu: Hier eine App, da ein Bonusprogramm. Die neuen Anwendungen werden dann oft nur einfach hinzugefügt. Der Softwareentwickler hat zudem in aller Regel einen anderen Fokus, als auf die Sicherheit zu achten. Er will die Prozesse möglichst geschmeidig programmieren. Hinzu kommt, dass für die Sicherheit dann das Budget nicht mehr reicht, weil das Thema Sicherheit oft nur unter Kostenaspekten gesehen wird. Aber IT-Sicherheit, professionell gesteuert, ist heute ein unerlässlicher Beitrag zur Zukunftssicherung des Business.

Was kann ein Händler tun, damit sein Internetauftritt möglichst nicht von einem Hacker kompromittiert wird?

Der Händler sollte das Thema Onlinesicherheit als Teil des Qualitätsmanagements begreifen und einen Anbieter mit entsprechendem Know-how beauftragen, damit der das System als potenzieller Angreifer testet. Denn nur so kann er prüfen, wie sicher seine Seite wirklich ist und welche Lücken er eventuell schließen muss. Ein weiterer Schritt kann eine Zertifizierung sein, bei der die Internetseiten unter anderem regelmäßig geprüft und das interne Sicherheitsmanagement abgeklopft werden. Angriffe sind meist nicht nur ein technisches Problem, sondern offenbaren oft auch strategische Lücken in der Steuerung der Informationssicherheit durch das Unternehmen, beispielsweise durch nicht definierte Prozesse und Verantwortlichkeiten.

Wie gefährlich sind alte Softwareversionen?

Das Problem ist, dass die meisten Unternehmer sich denken, dass ja alles gut läuft und sie sich nicht um Aktualisierungen kümmern müssen. In der Hackerszene sprechen sich Sicherheitslücken aber blitzschnell herum. Auch hier ist es wichtig, das sogenannte Patch-Management als Prozess zu begreifen, den ich als Händler aktiv gestalten muss.

Welche Rolle spielen Mitarbeiter als Sicherheitsrisiko?

Das Bewusstsein, was rund um die IT gefährlich für das gesamte Unternehmen sein könnte, fehlt oft. Manche Angreifer machen sich die Gutmütigkeit der Angestellten zunutze, die sensible Zugangsdaten herausgeben. Auch die Programmierer sind oft unbedarft. Wenn wir beispielsweise zeigen, dass die Formulare auf einer Webseite so ausgefüllt werden können, dass sie Schadprogramme einschleusen, bekommen wir häufig zur Antwort: „Das macht doch keiner." Aber Hacker tun so etwas eben doch. Deshalb müssen Händler alle Mitarbeiter für das Thema Sicherheit sensibilisieren.

Gibt es da nicht unterschiedliche Interessen zwischen IT-Abteilung und Mitarbeitern?

Das ist das Problem, denn die Verantwortlichen müssen immer zwischen Sicherheit und Nutzbarkeit balancieren. Wenn die Sicherheit zu restriktiv angelegt ist, suchen sich die Mitarbeiter einen Umweg. Der Klassiker ist die Weiterleitung an den privaten E-Mail-Account, da hat die IT-Abteilung dann gar keinen Einfluss mehr. Gehen ein Smartphone oder Tablet verloren oder werden gestohlen, sind Zugangsdaten oder der E-Mail-Verkehr schnell in falschen Händen. Deshalb ist es in Unternehmen wichtig, mobile Geräte unternehmensweit in ein Mobile-Device-Management (MDM) einzubinden. Damit besteht die Möglichkeit, auf allen Geräten stets die neueste Sicherheitssoftware aufzuspielen und im Falle eines Geräteverlusts Firmendaten auch remote zu löschen, um sensible Daten vor unautorisiertem Zugriff zu schützen. Ein solches MDM ist auch und vor allem zu empfehlen, wenn private Geräte in der Firma genutzt werden dürfen („Bring your own device"). Denn nicht jeder User kümmert sich darum, dass seine mobilen Geräte immer auf dem aktuellen Sicherheitsstand sind oder dass er ein starkes Passwort verwendet.

Was ist, wenn der Händler das Gefühl hat, dass seine Seite bereits gehackt ist?

Vor allem dann ist es wichtig, nicht den Kopf in den Sand zu stecken, sondern Profis zu holen. Für solche Fälle bieten wir vom TÜV Rheinland zum Beispiel eine spezielle Eingreiftruppe an: Das Security Incident Response Team verfügt über die richtigen Tools und das nötige Know-how, um den Angriff zu erkennen, ihn zu qualifizieren, abzuwehren und die richtigen Gegenmaßnahmen zu empfehlen.

Datensicherung

Was man hat, hat man. Aber darauf sollte man sich nicht allein verlassen, wie das analoge Beispiel des Kölner Stadtarchivs zeigt: Bevor das Archiv mit den umfangreichen Altbeständen aus der Zeit vor 1814 im März 2009 einstürzte und dabei zwei Menschen getötet wurden, verfügte es über 65000 Urkunden ab dem Jahr 922, 26 Regalkilometer Akten, 104000 Karten und Pläne und 50000 Plakate sowie 818 Nachlässe und Sammlungen. Die Restaurierung der Dokumente, die noch gerettet werden konnten, wird vermutlich mehrere Jahrzehnte dauern; viele der Kulturschätze sind jedoch unwiederbringlich verloren – weil noch nicht einmal Kopien existieren.

Das Thema Datensicherung, neudeutsch **Backup**, mag auf den ersten Blick nicht besonders sexy wirken. Gerade für Onlinehändler ist es jedoch überlebenswichtig: Wenn der Webshopbetreiber beispielsweise die Datenbank seines Warenwirtschaftssystem nicht ordentlich sichert und gegebenenfalls wiederherstellen kann, drohen ihm hohe Umsatzeinbußen. Zwar haben Horrorszenarien wie Einstürze, Naturkatastrophen und Terroristenangriffe inzwischen viele Unternehmer für das Thema Datensicherung sensibilisiert, aber die größte Bedrohung für den Datenbestand kommt oft unspektakulärer daher. Meist sind es **Benutzerfehler** – etwa das unbeabsichtigte Löschen, Systemausfälle, Hard- oder Softwarefehler oder aber eine simple Stromschwankung –, die einen schmerzhaften Datenverlust verursachen. Hat der Onlinehändler die Daten dann nicht archiviert, sind sie für immer weg. In diesem Falle hilft es ihm auch nichts, wenn er – was durchaus empfehlenswert ist – die aktuell benötigten Daten beispielsweise **auf einem anderen Server** parallel spiegelt. Denn wenn die Daten im laufenden System aus irgendwelchen Gründen „korrupt" sind, sind sie das auch in der gespiegelten Version.

Händler müssen ihre Daten aber nicht nur an einem anderen Ort sichern, damit beispielsweise ein Feuer nicht auch die Kopie zerstört. Vielmehr muss er die für das Unternehmen überlebenswichtigen Daten im Falle eines Verlustes schnell wieder herstellen können. Denn für Webshopbetreiber kostet jede Minute, die die **Wiederherstellung** der Daten länger dauert, Umsatz. Genauso wie im Übrigen für stationäre Händler, wenn beispielsweise das Kassensystem ausfällt.

Doch eine sofortige Wiederherstellung verlorener Daten ist vergleichsweise teuer. Daher sollte jeder Onlinehändler ein **individuelles Konzept** erstellen, welche Daten er nach einem Daten-GAU sofort wieder für den Geschäftsbetrieb benötigt und welche zu dem Zeitpunkt nicht ganz so entscheidend sind und somit etwas Zeit haben. So ist die Wiederherstellung von Daten, mit denen ein Unternehmer beispielsweise „nur" die Anforderungen des Gesetzgebers erfüllt, in aller Regel nicht so dringend wie die Daten rund um eine aktuelle Bestellung.

Für das individuelle Sicherheitskonzept bedeutet dies, dass es nicht nur wichtig ist, in welchen Zeitabständen die Daten gesichert werden – sondern auch, wie schnell die sogenannte **Restore-Zeit** ist, bis die Daten wiederhergestellt sind und dem Händler zur Verfügung stehen. Das hat Auswirkungen bis hin zur Wahl der **Speichermedien**: Auf den vergleichsweise günstigen Magnetbändern in den Rechenzentren kann der Onlinehändler beispielsweise Daten speichern, für deren Wiederherstellung er ein paar Tage Zeit hat, etwa um den gesetzlich vorgegebenen Archivierungsfristen nachzukommen. Für das tagesaktuelle Geschäft kann hingegen eine Sicherungskopie auf externen Festplatten sinnvoll sein.

Grundsätzlich sollte der Onlinehändler sich nicht auf „Nebenbei-Backups" verlassen, etwa wenn er in seiner Shopsoftware auch eine Datensicherungsfunktion anklicken kann: Es erspart ihm keineswegs die eigene Sicherung, denn die Anbieter gewährleisten in aller Regel keine schnelle Überspielung der gesicherten Daten. Auch wenn der Onlinehändler sich eine Datensicherung in der **„Cloud"** überlegt, also das Backup in die Infrastruktur eines Dienstleisters auszulagern und über das Internet darauf zuzugreifen, bleibt ihm ein Datensicherungskonzept nicht erspart: Er muss sich überlegen, welche Daten er auslagern will und welche lieber nicht. Lagert er die Datensicherung aus, ist das grundsätzliche Sicherungsproblem ohnehin noch nicht gelöst: Der Händler muss auch hier ein Konzept haben, welche Daten er im Falle eines Falles wie schnell wieder zurückhaben muss.

Ob ein Händler die Datensicherung nun selbst vornimmt oder sie einem **Datensicherungsanbieter** überlässt: Er muss festlegen, wann und wie oft die Daten an welchem Ort und auf welchen Medien gesichert werden – und wie schnell die Restore-Zeit garantiert werden kann, bis die unternehmenskritischen Daten wiederhergestellt sind. Grundsätzlich kann man die Datensicherung mit dem Abschluss einer Versicherung vergleichen: Man gibt Geld für etwas aus, von dem man hofft, dass man es nie braucht.

Datenrettung

Data Recovery, zu Deutsch Datenwiederherstellung oder auch Datenrettung, bezeichnet den Vorgang, mit dem man gelöschte oder beschädigte Daten auf einem Datenträger wieder lesbar macht. Ist kein Backup vorhanden, kann man bei unbeschädigten Datenträgern die Daten mit speziellen Programmen wieder sichtbar machen. Allerdings gelingt damit in den seltensten Fällen die komplette Wiederherstellung. Schlimmstenfalls kann man sich nur noch an spezialisierte Firmen wenden, die in „Reinräumen", also staubfreien Labors, Speichermedien wie Festplatten und Magnetbänder zerlegen und danach die Daten rekonstruieren. Da dieser Vorgang aufwändig und teuer ist, lohnt er sich nur, wenn die Daten wirklich sehr wichtig und nicht anders zu ersetzen sind. Zudem weiß man vorher nicht, ob er gelingt und welche Daten gerettet werden können.

Gesetzliche Aufbewahrungsfristen

Jeder Kaufmann ist verpflichtet, geschäftliche Unterlagen über einen bestimmten Zeitraum aufzubewahren. Am weitesten verbreitet und bekannt sind gesetzliche Aufbewahrungsfristen für Dokumente und Daten nach **Handels- und Steuerrecht,** für die in aller Regel Aufbewahrungsfristen zwischen sechs und zehn Jahren gelten. So regelt unter anderem das Handelsrecht (HGB) in § 257 die Aufbewahrung von Unterlagen.

HGB § 257 Aufbewahrung von Unterlagen: Aufbewahrungsfristen

(1) Jeder Kaufmann ist verpflichtet, die folgenden Unterlagen geordnet aufzubewahren:

1. Handelsbücher, Inventare, Eröffnungsbilanzen, Jahresabschlüsse, Einzelabschlüsse nach § 325 Abs. 2a, Lageberichte, Konzernabschlüsse, Konzernlageberichte sowie die zu ihrem Verständnis erforderlichen Arbeitsanweisungen und sonstigen Organisationsunterlagen,
2. die empfangenen Handelsbriefe,
3. Wiedergaben der abgesandten Handelsbriefe,
4. Belege für Buchungen in den von ihm nach § 238 Abs. 1 zu führenden Büchern (Buchungsbelege).

(2) Handelsbriefe sind nur Schriftstücke, die ein Handelsgeschäft betreffen.

(3) Mit Ausnahme der Eröffnungsbilanzen und Abschlüsse können die in Absatz 1 aufgeführten Unterlagen auch als Wiedergabe auf einem Bildträger oder auf anderen Datenträgern aufbewahrt werden, wenn dies den Grundsätzen ordnungsmäßiger Buchführung entspricht und sichergestellt ist, daß die Wiedergabe oder die Daten

1. mit den empfangenen Handelsbriefen und den Buchungsbelegen bildlich und mit den anderen Unterlagen inhaltlich übereinstimmen, wenn sie lesbar gemacht werden,
2. während der Dauer der Aufbewahrungsfrist verfügbar sind und jederzeit innerhalb angemessener Frist lesbar gemacht werden können.

   Sind Unterlagen auf Grund des § 239 Abs. 4 Satz 1 auf Datenträgern hergestellt worden, können statt des Datenträgers die Daten auch ausgedruckt aufbewahrt werden; die ausgedruckten Unterlagen können auch nach Satz 1 aufbewahrt werden.

(4) Die in Absatz 1 Nr. 1 und 4 aufgeführten Unterlagen sind zehn Jahre, die sonstigen in Absatz 1 aufgeführten Unterlagen sechs Jahre aufzubewahren.

(5) Die Aufbewahrungsfrist beginnt mit dem Schluss des Kalenderjahrs, in dem die letzte Eintragung in das Handelsbuch gemacht, das Inventar aufgestellt, die Eröffnungsbilanz oder der Jahresabschluss festgestellt, der Einzelabschluss nach § 325 Abs. 2a oder der Konzernabschluss aufgestellt, der Handelsbrief empfangen oder abgesandt worden oder der Buchungsbeleg entstanden ist.

Quelle: www.gesetze-im-internet.de/hgb

Aktuelle Informationen zum Thema Datensicherheit finden Sie unter folgendem Link:

www.derhandel.de/PraxisfuehrerE-Commerce

Rechtlich auf der sicheren Seite

Wie alle Händler in Deutschland unterliegt auch der Internethandel den Vorschriften eines strengen Wettbewerbsrechts. Aufgrund der Informationspflichten beim **„Fernabsatz“** und den Pflichten im **elektronischen Geschäftsverkehr** gelten zudem besondere gesetzliche Anforderungen. So muss der Händler beispielsweise von den Allgemeinen Geschäftsbedingungen über die Artikelbeschreibungen, Preisauszeichnungen sowie Widerrufs- und Rückgabebelehrungen, den Datenschutz und die Verpackungsverordnung bis hin zu Verkäufen ins Ausland oder von Markenware allerhand beachten.

Denn die Konkurrenz schläft nicht – im Gegenteil: Der ein oder andere Wettbewerber mag im Zweifel viel Ehrgeiz entwickeln, potenzielle Konkurrenten wettbewerbsrechtlich **abzumahnen**. Auch Anwälte haben diesen „Markt“ als Einnahmequelle für sich entdeckt. Bei mehreren unzulässigen Klauseln in den Allgemeinen Geschäftsbedingungen kann es zu Streitwerten im fünfstelligen Bereich kommen.

Informationspflicht

Vor der Abgabe der Bestellung und direkt nach der Bestellung in Textform muss der Onlinehändler dem Kunden eine Vielzahl von Informationen bereitstellen, unter anderem

- zum Verkäufer, wie Firma, Anschrift, E-Mailadresse,
- rund um den Datenschutz, wie Verwendungszweck und Datenweitergabe,
- über die Produkte, wie Eigenschaften der Ware und Preise,
- zur Zahlung, wie Zahlungsart und Zeitpunkt,
- über die Lieferung, wie Liefergebiet, Lieferzeiten und Steuern,

- zum Widerrufs- oder Rückgaberecht und
- zum Bestellvorgang, wie Korrekturmöglichkeiten und Vertragsschluss.

Anbieterkennzeichnung

Der Betreiber eines Webshops – wie auch jeder anderen Webseite – ist per Gesetz zur sogenannten Anbieterkennzeichnung verpflichtet. Dabei muss er bestimmte Angaben über sich auf der Internetseite veröffentlichen. Dieses **Impressum** dient vor allem dem Verbraucherschutz und gibt erste Auskunft darüber, ob ein Onlineshop seriös ist. In einem korrekten Impressum muss der Onlinehändler mindestens folgende Angaben machen:

- Vollständiger Vor- und Zuname des Vertretungsberechtigten (Inhaber oder Geschäftsführer)
- Vollständige „ladefähige" Anschrift (Postfachadresse reicht nicht aus)
- Telefonnummer
- E-Mail Adresse (Kein Kontaktformular)

Manche Unternehmen müssen zusätzlich den Unternehmensnamen und die Rechtsform wie etwa GmbH, Gewerberegister und -nummer, Handelsregisterangaben und Umsatzsteuer-Identifikationsnummer angeben. Wenn beispielsweise ein Apotheker oder Optiker einen Webshop eröffnet, muss er darüber hinaus Angaben zur verantwortlichen Aufsichtsbehörde, der Kammer, der gesetzlichen Berufsbezeichnung sowie dem Staat, in dem diese verliehen wurde, sowie einen Verweis auf die berufsrechtlichen Regelungen machen.

Datenschutz

Der Onlinehändler muss in einer **Datenschutzerklärung** über seine Datenschutzgrundsätze informieren. Diese muss der Kunde auf jeder Seite oder zumindest auf allen Seiten, auf denen der Händler Daten erhebt, jederzeit abrufen können. Zu den Angaben in der Datenschutzerklärung gehört beispielsweise die verantwortliche Stelle für die Datenverarbeitung und die Information, wie die Daten des Kunden verwendet werden – vor allem, wenn die Nutzung über den Zweck der bloßen Vertragsabwicklung hinausgeht, beispielsweise zu Werbezwecken.

Wenn der Onlinehändler die Bonität des Kunden prüft, muss er die Auskunftei nennen. Falls **Daten an Dritte** weitergegeben werden, die nicht zur unmittelbaren Vertragsabwicklung nötig sind, muss der Händler den Empfänger der Daten wie auch den Zweck der Weitergabe nennen.

Der Onlinehändler darf grundsätzlich **personenbezogene Daten** eines Verbrauchers erheben, verarbeiten und nutzen, soweit sie für das Vertragsverhältnis erforderlich sind. Allerdings dürfen nur so wenige personenbezogene Daten wie möglich erhoben, verarbeitet und genutzt werden – und der Kunde muss jederzeit erkennen, welche seiner Angaben obligatorisch und welche freiwillig sind. Wenn der Onlinehändler die Daten über die Vertragserfüllung hinaus nutzen oder weitergeben will, muss der Nutzer dem zustimmen.

Bei dem sogenannten **Opt-in** (englisch für: „sich für etwas entscheiden") muss die Einwilligung vor der verbindlichen Bestellung durch eine „eindeutige und bewusste Handlung des Verbrauchers" erfolgen. Das bedeutet, dass der Onlinekunde Werbekontaktaufnahmen – meist durch E-Mail, Telefon oder SMS – vorher ausdrücklich bestätigen muss. Der Kunde muss zudem darauf hingewiesen werden, dass er seine Einwilligung jederzeit widerrufen – beispielsweise den Newsletter wieder abbestellen – kann.

Der Gegensatz ist das hierzulande rechtlich unzulässige **Opt-out-Verfahren**, die automatische Aufnahme etwa in eine Verteilerliste für den Newsletter nach dem Kauf in einem Webshop. Der Empfänger erhält erst bei Zusendung der E-Mail oder SMS die Möglichkeit, sich aus der Verteilerliste austragen zu lassen, wenn er keine weitere Werbung wünscht. Dieses Verfahren gilt als unseriös – und ist in Deutschland seit dem „Payback-Urteil" des Bundesgerichtshofs (BGH) vom 16. Juli 2008 (Aktenzeichen VIII ZR 348/06) unzulässig.

Datenschutzbeauftragter

Datenschutz ist heute in aller Munde und fast täglich in den Medien. Jeder Unternehmer ist sich bewusst, dass es ein wichtiges Thema ist und unterstreicht auf

Nachfrage, dass dies auch für sein Unternehmen der Fall ist. Doch bei wie viel kleineren Unternehmen wird das Thema wirklich systematisch angegangen? Wie hoch ist die Dunkelziffer derjenigen, die gar nicht wissen, dass ihr Unternehmen nach der aktuellen Gesetzeslage einen Datenschutzbeauftragten benötigt? Sieht man sich die Prüfkriterien an, so wird klar, dass dies sicher viel mehr Händler sein könnten, als man auf den ersten Blick denkt.

Wann muss ein Datenschutzbeauftragter bestellt werden?

Ein betrieblicher Datenschutzbeauftragter muss bestellt werden, wenn im Unternehmen mindestens zehn Arbeitnehmer wenigstens vorübergehend mit der automatisierten **Datenverarbeitung personenbezogener Daten** beziehungsweise 20 Arbeitnehmer mit nicht automatisierter Datenverarbeitung personenbezogener Daten beschäftigt sind. Personenbezogene Daten sind zum Beispiel Adressdateien von Kunden und/oder Mitarbeitern. Diese entstehen schon beim Kassiervorgang per EC-Cash. Hierbei werden „Köpfe" gezählt, das heißt wenn alle gelegentlichen Verkaufsaushilfen kassieren dürfen, so zählt deren Anzahl zu den Teil- und Vollzeitkräften dazu. Ebenfalls hinzu kommen die Bürokräfte, die mit Kunden- und Mitarbeiterdaten zu tun haben, denn beispielsweise auch in der Personalabteilung entstehen personenbezogene Daten, da dort die Daten der Mitarbeiter erfasst werden. Wenn der Verkaufsraum (oder andere Räume) videoüberwacht ist, entstehen ebenso personenbezogene Daten. Und: Immer, wenn eine **Videoüberwachung**, unabhängig ob mit oder ohne Aufzeichnung, stattfindet, so muss ein Datenschützer bestellt werden.

Seltener kommt wohl zum Tragen, dass unabhängig von der Zahl der Beschäftigten ein Datenschutzbeauftragter zu bestellen ist, wenn das Unternehmen personenbezogene Daten zum Zwecke der Übermittlung erhebt, verarbeitet oder nutzt oder **besonders schützenswerte Daten** etwa über ethnische Herkunft, Gesundheit oder ähnliches erhoben werden.

Nur zur Klarstellung: Die oben aufgeführten Punkte gelten als Oder-Kriterien, das heißt, dass ein Datenschutzbeauftragter immer eingesetzt werden muss, wenn auch nur eines der genannten Kriterien zur Anwendung kommt.

Check: Ist ein Datenschutzbeauftragter notwendig?

Ein kostenloser Kurzcheck für das eigene Unternehmen zur Überprüfung, ob ein Datenschutzbeauftragter eingesetzt werden muss, kann unter www.gfp24.de angefordert werden (im Menü zu finden unter Leistungen: Datenschutzmanagement).

Sollte sich bei dieser, bei einer anderen Prüfung oder aufgrund einer selbst vorgenommenen Einschätzung herausstellen, dass ein Beauftragter eingesetzt werden muss, stellt sich die Frage: Was ist zu tun – und wer könnte es machen?

Aufgaben eines Datenschutzbeauftragten

Der Datenschutzbeauftragte muss bei dem Händler auf die Einhaltung des BDSG (Bundesdatenschutzgesetzes) sowie aller weiterer Vorschriften zum Datenschutz hinwirken. Ein Beispiel ist die ordnungsgemäße Erstellung von Verfahrensverzeichnissen, die Art, Umfang und Rechtmäßigkeit der Datenvereinbarung im Unternehmen in Bezug auf das BDSG dokumentieren. Bei der Erstellung dieser Dokumentation soll er die zuständigen Stellen (zum Beispiel die IT-Abteilung) oder Personen unterstützen. Generell soll dieser Beauftragte alle im Betrieb Tätigen **zum Thema Datenschutz beraten** – angefangen von der Geschäftsleitung bis zu den einzelnen Fachabteilungen. Alle Fragen zum Thema Datenschutz sind sein Thema. Ferner wirkt der Datenschutzbeauftrage auf die Einhaltung des gesetzlichen Grundsatzes der **Datenvermeidung und -sparsamkeit** hin. Spätestens hier wird klar, dass es wenig Bereiche des Unternehmens geben wird, die nicht von ihm zu überprüfen sind.

Als der Zuständige zum Thema Datenschutz wird von dieser Stelle die **Schulung und Unterweisung der Mitarbeiter** durchgeführt, die mit der Verarbeitung personenbezogener Daten befasst sind. Datenschutzbestimmungen müssen erklärt und auf Erfordernisse muss hingewiesen werden. Ein weiteres Feld ist die sogenannte **„Vorabkontrolle“**. Der Datenschutzbeauftragte muss vorab konsultiert werden, wenn beispielsweise

- eine Videoüberwachungsanlage eingerichtet beziehungsweise erweitert oder
- personalisierte Soft- und/oder Hardware (beispielsweise Zeiterfassung) angeschafft werden soll.

Abschließend ist der Datenschutzbeauftragte zuständig für die **Dokumentation** in Sachen Datenschutz und gleichzeitig **Ansprechpartner** für die Aufsichtsbehörde sowie für Kunden bei Anfragen und Beschwerden. Zusammenfassend sieht man, dass die Aufgaben eines Datenschutzbeauftragten sehr umfassend in viele Bereiche eines Betriebes reichen. Damit stellt sich die Frage: Wer könnte diese Position ausfüllen?

Wer kann Datenschutzbeauftragter werden?

Der Gesetzgeber hat die Relevanz der Position sehr wohl erkannt: Nach dem Bundesdatenschutzgesetz (BDSG) muss der Datenschutzbeauftragte über die erforderliche **Fachkunde und Zuverlässigkeit** verfügen. Er kann intern als Mitarbeiter des Betriebs oder auch extern bestellt werden.

Bei der **internen** Besetzung muss nach dem Nachweis der Zuverlässigkeit sicher die erstmalige Fachkunde erarbeitet werden. Danach ist die dauernde und regelmäßige Schulung des Beauftragten ein nicht zu unterschätzender Zeit- und Mittelaufwand. Der Wissensstand des ausgewählten Mitarbeiters muss die sich dauernd ändernde Rechtslage, die ja auch durch Einschätzungen verschiedener Landesdatenschutzbeauftragter beeinflusst wird, überblicken und auch die unterschiedlichen Auffassungen auf Landes-, Bundes- und Europaebene beobachten.

Ein Datenschutzbeauftragter ist der Geschäftsleitung in einer Stabsstelle direkt unterstellt, in der Ausübung seiner Tätigkeit aber ist er **weisungsfrei**! Diese Unabhängigkeit wird unterstützt durch einen sehr hohen Kündigungsschutz, vergleichbar dem eines Betriebsrats.

Falls die eine oder andere Person im Betrieb, die besonders viel mit Daten zu tun hat, sich für deren Schutz als Datenschutzbeauftragter einsetzen will, gelten gesetzliche Einschränkungen: Es darf keine Person sein, die ihrerseits im Unternehmen eine leitende Tätigkeit ausübt oder die in Ausübung ihrer Tätigkeit in einen **Interessenskonflikt** kommen könnte, wie etwa ein Teilhaber oder Gesellschafter, Geschäftsführer oder Leiter der Personal- oder IT-Abteilung.

Externer Datenschutzbeauftragter: Vor- und Nachteile

Die Bestellung eines externen Datenschutzbeauftragen hat gerade für kleine und mittlere Unternehmen einige Vorteile: Mit dem Zeitpunkt der Bestellung eines externen Datenschutzbeauftragten gilt die **unmittelbare Rechtssicherheit** – wird ein interner Mitarbeiter zum zukünftigen Datenschutzbeauftragten erkoren, geht in der Regel noch viel Zeit verloren, da zahlreiche Schulungen und Zertifizierungen nötig sind. Zudem ist der Betrieb bei der Auslagerung nicht verantwortlich für die Aneignung und Aktualisierung der gesetzlich geforderten „Fachkunde" des Datenschutzbeauftragten, da dieser **selbst für seine Qualifikation verantwortlich** ist. Es entstehen also keine weiteren Ausbildungskosten.

Ein externer Beauftragter übernimmt diese Aufgabe oftmals für eine Vielzahl von Firmen. Er verfügt dadurch über umfangreiche Erfahrung, ist kontinuierlich mit den aktuellsten Datenschutzrichtlinien vertraut und pflegt eine kontinuierliche Zusammenarbeit mit den zuständigen Aufsichtsbehörden. Aufgrund seiner **Tätigkeit für verschiedene Betriebe** ist sein Kontakt regelmäßiger und intensiver als der von firmeninternen Datenschutzbeauftragten.

Interner Datenschutzbeauftragter: Vor- und Nachteile

Einen internen Datenschutzbeauftragten zu bestellen, hat im Wesentlichen zwei Nachteile für den Unternehmer: Ein interner Beauftragter genießt nach dem BDSG einen **besonderen Kündigungsschutz**, vergleichbar dem eines Betriebsrates. Er kann nur aus wichtigem Grund gekündigt werden, was nur unter sehr engen Voraussetzungen möglich ist. Der externe Beauftragte hingegen genießt keinen besonderen Kündigungsschutz; er hat eine vereinbarte Vertragslaufzeit, die regulär kündbar ist. Zudem ist die **Arbeitszeit**, die ein Mitarbeiter bei der Übernahme dieser Stelle für seine bisherige Tätigkeit im Betrieb noch aufwenden kann, angesichts der neuen Aufgaben und der Pflicht, sich regelmäßig weiterzubilden, deutlich eingeschränkt.

Doch hat das Unternehmen eine gewisse Größe, hat die Einsetzung eines internen Datenschutzbeauftragten auch ihre Vorteile. Zum einen sind das die **Kosten**: Ist die Aufgabe des Beauftragten so umfangreich, dass er (mindestens) eine komplette Arbeitsstelle ausfüllt, so ist der betriebswirtschaftliche Punkt auch schon erreicht, an dem ein Outsourcing nicht mehr sinnvoll ist. Zum anderen möchte nicht jede

Geschäftsleitung, dass externe Berater dauerhaft so **tiefe Einblicke** in alle Aspekte des Unternehmens haben. Ein interner Datenschutzbeauftragter ist also – bei aller Unabhängigkeit – doch stärker ein Teil des Teams als ein externer, seine Loyalitäten liegen eher bei seinem Unternehmen und betriebsinterne Abläufe und andere Informationen bleiben im Betrieb.

Datenschutz als Wettbewerbsvorteil

Auf den ersten Blick ist das Thema Datenschutz für viele Unternehmen erst einmal ein weiterer bürokratischer Baustein der Gesetzgebung. Das muss so nicht sein. Unternehmerischer Datenschutz kann viel mehr sein als eine Forderung des Gesetzgebers. Datensicherheit **stärkt die Position** eines Unternehmens gegenüber Kunden, Lieferanten, Mitarbeitern und Aufsichtsbehörden. Das Vertrauen in Ihre Kompetenz – auch im Umgang mit sensiblen Daten – kann sich im Wettbewerb sogar als entscheidender Vorteil erweisen. Gerade größere Kunden verlangen vor der Auftragserteilung immer öfter einen Datenschutznachweis.

Jeder Kunde erwartet heutzutage, dass seine Daten im Unternehmen sicher sind – Datenschutz ist **gelebte Kundenorientierun**g. Zusätzlich zur Abdeckung dieser Grunderwartung kann beispielsweise ein Datenschutzsiegel als Marketinginstrument eingesetzt werden, um gegenüber Kunden und Lieferanten offensiv zu kommunizieren, dass sich hier ein innovatives und vertrauenswürdiges Unternehmen um diese Belange kümmert.

Datenschutz und IT-Sicherheit sind zentrale Elemente des **Risikomanagements** für das Unternehmen, da dieses bei Verstößen gegen datenschutzrechtliche Bestimmungen haftet. Bei Verstößen können Bußgelder bis zu 300 000 Euro verhängt werden – vom **Imageschaden**, falls ein Verstoß öffentlich wird, gar nicht zu reden. Dies kann neben einem schlechten Image auch direkte Auswirkungen auf Kunden und Umsätze bis hin zur Finanzierung haben. Wer vertraut schon einem Unternehmen, das seine Prozesse nicht im Griff hat?

Das kostenintensive Thema Datenschutz kann also durchaus zu Marketingzwecken genutzt werden, um das **Vertrauen** in das Unternehmen zu stärken. Doch es gibt noch eine weitere Möglichkeit, die aufgewendeten Mittel positiv für den Betrieb wirken zu lassen: Der Datenschutz bildet den Weg der Daten durch das Unternehmen ab und skizziert so die Geschäftsprozesse. Hier kann er Hinweise für die **Optimierung** der bisher implementierten Verwaltungsprozesse liefern.

Zusammenfassend kann also gesagt werden, dass der Datenschutzbeauftragte – ob intern oder extern bestellt – nicht nur die Aufgabe hat, für die gesetzeskonforme Verwendung der Daten im Betrieb zu sorgen, sondern das Thema Datenschutz im Idealfall auch als Risikoschutz, Marketinginstrument und zur Prozessoptimierung des Unternehmens zu nutzen weiß.

Allgemeine Geschäftsbedingungen

Kein Unternehmer ist verpflichtet, Allgemeine Geschäftsbedingungen zu verwenden. Oft sind die gesetzlichen Regelungen ausreichend. Wer allerdings besondere Vertragsbedingungen festlegen will, sollte das „Kleingedruckte" zuvor von einem **Anwalt** prüfen lassen. Wenn der Onlinehändler Allgemeine Geschäftsbedingungen verwendet, muss er den Kunden darauf deutlich und leicht verständlich auf der Startseite des Webshops, während des Bestellprozesses und rechtzeitig vor der Abgabe der Bestellung hinweisen. Der Onlinekunde muss zudem die AGBs einfach etwa in den Dateiformaten HTML oder PDF speichern können.

Der Onlinehändler darf in den AGB nicht alles nach eigenem Gutdünken vereinbaren, denn sie unterliegen nach §§ 307–309 des Bürgerlichen Gesetzbuchs (BGB) einer **Inhaltskontrolle**. In dem Gesetzestext ist auch eine Auflistung, welche Klauseln auf jeden Fall oder in bestimmten Konstellationen unwirksam sind. Grundsätzlich dürfen die AGB weder den Vertragspartner unangemessen benachteiligen noch Klauseln enthalten, mit denen der Onlinekunde nicht rechnen muss.

Europaweites Verbraucherrecht

Seit dem 13. Juni 2014 gilt EU-weit ein **neues Verbraucherrech**t, das einige Neuerungen im Bereich der **Retouren** mit sich gebracht hat. Im Einzelnen werden hier die Versand- und Rücksendekosten, Widerrufserklärungen und -fristen sowie Rückerstattungen geregelt.

Rücksendekosten

Das neue Verbraucherrecht erlaubt es Online- und Versandhändlern, ihren Kunden die Rücksendekosten zu berechnen, wenn diese ihre Bestellung widerrufen. Allerdings muss der Verbraucher hierüber „eindeutig" informiert werden. Bekommt der Kunde diese Information nicht, bleibt die Rücksendung für den Kunden kostenfrei. Ist die Ware mangelhaft, ändert sich hingegen nichts: Der Händler muss weiterhin das Rückporto zahlen.

Viele große Onlinehändler bleiben aus **Servicegründen** dabei, Retouren kostenlos anzubieten, egal, um welchen Warenwert oder Rücksendegrund es sich handelt. Für kleinere Händler ist es eine schwierige Entscheidung, wie mit Rücksendekosten umgegangen werden soll. Eine repräsentative Bitkom-Studie ergab, dass rund ein Drittel der Onlinekäufer nur noch in Webshops einkaufen will, die weiterhin **kostenlose Retouren** anbieten. Für und Wider müssen also individuell abgewogen werden.

Versandkosten

Bisher mussten die Händler dem Kunden alle Kosten der Zustellung inklusive der Kosten für Wunschleistungen wie etwa Expressversand oder Nachnahme erstatten, wenn er die Ware zurückgeschickt hat. Das hat sich geändert: Händler müssen ab sofort bei Widerruf zwar auch die Kosten der Zustellung tragen, aber die vom Kunden gewünschten **Extraleistungen**, die Zusatzkosten verursachen, muss der Konsument nun selbst bezahlen. Weitere Informationen: www.eu-verbraucher.de.

Widerrufserklärung und Rückerstattung

Widerruft der Konsument einen Vertrag, muss er das ausdrücklich erklären. Konkret heißt das, dass der Kunde bestellte Ware bei Nichtgefallen ab sofort **nicht mehr kommentarlos** zurücksenden darf. Für den Widerruf genügt es nun auch nicht mehr, einfach die Annahme des Pakets zu verweigern.

Entweder erklärt der Kunde seinen Widerruf mit Hilfe eines Formulars, das der Händler dem Paket inzwischen beilegen muss, per E-Mail oder schriftlich. Bietet der Händler das Widerrufsformular zum Ausfüllen direkt auf seiner Webseite an, ist er verpflichtet, dem Kunden den Widerruf schriftlich zu bestätigen. Neu ist, dass der Kunde den Widerruf **auch telefonisch** erklären kann. Hat der Händler den Widerruf erhalten, muss er nun den Kaufpreis für zurückgesendete Waren innerhalb von zwei Wochen zurückerstatten. Bislang betrug die Frist 30 Tage.

Widerrufsrecht bei Downloads und versiegelter Ware

Beim Kauf von Downloadprodukten kann der **Widerruf ausgeschlossen** werden. Gleiches gilt für versiegelte Ware, die geöffnet wurde, beispielsweise CDs, DVDs und Computerspiele, oder auch Ware, die aus Gründen der Hygiene oder des Gesundheitsschutzes versiegelt wurde, wie etwa Piercing-Schmuck oder Kosmetika.

Widerrufsfrist

Die Frist, innerhalb derer Kunden im Rahmen des Fernabsatzvertrags ein Widerruf zusteht, verkürzt sich mit der Neuregelung auf **14 Tage**. Bisher verlängerte sich diese Frist automatisch auf 30 Tage, wenn die entsprechende Widerrufsbelehrung des Verbrauchers erst nach Abschluss des Vertrags erfolgte. Bei fehlender oder fehlerhafter Widerrufsbelehrung beträgt die Widerrufsfrist **ein Jahr und zwei Wochen**.

Geprüft und für gut befunden: Gütesiegel

Wenn sich Händler zertifizieren lassen, sind sie technisch und rechtlich auf der sicheren Seite. Mit Gütesiegeln wie „EHI Geprüfter Online-Shop", „Trusted Shop", „TÜV Süd Safer Shopping" oder „Internet Privacy Standards" fassen Verbraucher schneller **Vertrauen**: Einer Umfrage zufolge ist für zwei Drittel der Internetnutzer ein Gütesiegel wichtig beim Onlinekauf. Zudem werden solch „vertrauenswürdige" Onlinehändler in den Suchmaschinen besser gefunden, werben die Anbieter von Gütesiegeln. Die jeweiligen Zertifizierungsstellen überprüfen die Onlineshops regelmäßig, sodass der Händler vergleichsweise schnell eine Rückmeldung bekommt, wenn er beispielsweise neue gesetzliche Änderungen noch nicht in den Allgemeinen Geschäftsbedingungen berücksichtigt hat.

Dabei hört sich **„Zertifizierung"** aufwändiger und zeitraubender an, als es dann wirklich ist. Die Siegelvergabe gliedert sich grob gesagt in drei Schritte:

1. **Vorbereitung:** Der Siegel-Anbieter schickt ein erstes Prüfungsprotokoll mit gängigen Schwachstellen der Onlineshops, die der Webshopbetreiber meist einfach selbst beheben kann.
2. **Prüfung und Nachbesserung:** Die Zertifizierungsstelle prüft den Webshop und erstellt ein Prüfungsprotokoll: Das gibt Auskunft darüber, inwieweit der Webshop den jeweiligen Qualitätskriterien entspricht und wo noch Verbesserungen nötig sind. Der Onlinehändler setzt die noch offenen Punkte um – wenn nötig mit Hilfe des Siegelanbieters.
3. **Abnahme und Freischaltung:** Wenn alle Unklarheiten beseitigt sind, prüft der Siegelanbieter die noch offenen Punkte und der Onlinehändler kann das Gütesiegel nach der erfolgreichen Abnahme in den nun zertifizierten Webshop einbinden.

Gütesiegel im Internet

Der gemeinnützige Verein „Initiative D21" (www.internet-guetesiegel.de), der unter anderem vom Bundesjustizministerium unterstützt wird, empfiehlt folgende Gütesiegel:

- EHI Geprüfter Online-Shop: www.shopinfo.net
- Trusted Shops: www.trustedshops.de
- TÜV Süd Safer Shopping: www.safer-shopping.de
- Internet Privacy Standards (ips): www.datenschutz-cert.de

Nachwort

Am 21. April 2015 fand im Wirtschaftsministerium in Berlin (offiziell „BMWI – Bundesministerium für Wirtschaft und Energie") der Auftakt zu dem zweijährigen Projekt „Dialogplattform Einzelhandel" statt, in welchem in verschiedenen Workshops die sich rasch wandelnde Situation des Handels in Deutschland analysiert und Lösungsansätze vor allem für die Politik auf allen Ebenen erarbeitet werden sollen. In der Dialogplattform treffen Arbeitgeber, Gewerkschaften und Politik zusammen; die Auswirkungen auf die Städte, auf das Arbeitsleben sowie auf die Branche „Handel" werden diskutiert, um gemeinsam Zukunftsstrategien zu entwickeln.

Allen ist klar: Der Umbruch ist da, er beginnt zu wirken, und viele befürchten, dass er im schumpeterschen Sinne zerstörerisch werden wird. „Etwa ein Drittel der Händler in Deutschland ist bereits im Internet aktiv", eröffnete der Präsident des Handelsverbandes Deutschland (HDE), Herr Sanktjohanser, die Veranstaltung – nicht ohne darauf hinzuweisen, dass ihn die restlichen zwei Drittel kümmern.

Genau hier setzt dieses Buch an. Es ist für diese zwei Drittel der Händler – aber auch Dienstleister und benachbarte Branchen – geschrieben, die noch nicht im Internet aktiv sind. Hier sehen wir die Holschuld des Unternehmers beziehungsweise der Unternehmerin: Sich um Auswirkungen auf Städte und Umfeld zu kümmern, ist Aufgabe von Verbänden und Politik (sowie agilen, in die Zukunft schauenden Händlern); sich Gedanken um Auswirkungen des Tsunamis „Internet" auf die eigene Branche zu machen, ist ureigene unternehmerische Aufgabe.

Wir hoffen, wir konnten Ihnen einen kleinen Überblick verschaffen und Sie neugierig machen auf mehr und noch detailliertere Informationen – und vor allem wünschen wir Ihnen viel Mut dabei, sich für die Neugestaltung Ihrer unternehmerischen Zukunft zu entscheiden!

Zusätzliche Informationen zu diesem Thema, Aktualisierungen und Ausarbeitungen finden Sie auf

www.derhandel.de/PraxisführerE-Commerce

sowie auf der Website zum Buch

www.praxisecommerce.de

und unter

www.twitter.com/praxisecommerce

Wir wünschen Ihnen Entschlossenheit und Erfolg beim Umsetzen neuer Wege im Netz!

Dr. Joachim Stoll — Sybille Wilhelm

Glossar

Im Folgenden haben wir für Sie einige Begriffe zusammengestellt und erläutern kurz ihre Bedeutung (bei Mehrdeutigkeit so, wie der Begriff im Buch verwendet wird).

Acquirer Bank, welche für den Onlinehändler die Kaufsumme mit dem Kunden über dessen Kreditkarte abrechnet (auch Giropay).

AdWords Werbesystem von Google; Händler können Anzeigen schalten, die sich auf die Google-Suchen (→ *Keywords*) potenzieller Kunden beziehen.

Affiliate Marketing Kooperation zwischen Produktanbieter und Vertriebspartnern, z. B. beim E-Mail-Marketing mittels → *Verlinkung* auf Partnerseiten; basiert auf dem Prinzip der Vermittlungsprovision.

Backup Sicherungskopie; zu sichernde Daten werden auf einem Datenträger o. ä. gespeichert, um die Inhalte im Falle eines Datenverlustes zurückholen zu können (Datenwiederherstellung, Restore oder → *Data Recovery*).

Browsing *Hier:* Im Internet stöbern, *auch:* surfen.

Call-Back-Button Möglichkeit für den Shopbesucher, um persönlichen Rückruf zu bitten; meist mittels eines Kontaktformulars. Die gewonnenen Daten dienen auch dem → *Call-Tracking*.

Call-Tracking Methode zur Erfolgskontrolle von Werbung; es wird gemessen, wer warum (online z. B.: Klick auf den → *Call-Back-Button*, offline z. B.: Anruf bei einer Service-Hotline) mit dem Unternehmen telefonisch in Kontakt getreten ist.

Chargeback Kosten für Händler, wenn ein Kreditkartenkunde seine Abbuchung rückgängig macht. Die meisten Chargebacks im E-Commerce kommen durch Kartenmissbrauch zustande.

Check-out-Prozess Die Zahlung im Onlineshop inkl. Auswahl der Zahlungsart.

Cloud Speicherplatz in einem entfernten Rechenzentrum (für Daten, aber auch zur Ausführung von Programmen), auf den immer und überall zugegriffen werden kann, sofern man Internetzugang hat.

Community Onlinegemeinschaft; *hier:* Gruppe innerhalb der Internetnutzer, die angesprochen werden soll.

Cost per click/lead/sale *Auch:* Pay per click/lead/sale. Abrechnungsmodell für Onlinewerbung, z. B. für Banner oder auch Links in einem Newsletter. Der Werbende bezahlt, sobald ein potenzieller Kunde seine Werbung anklickt und auf die Webseite des Werbenden umgeleitet wird (click), dort ein Datenformular ausfüllt (lead; z. B. bei Gewinnspielen) oder einen Kauf tätigt (sale).

Crawling Durchsuchen und Analysieren von Webseiten durch einen Webcrawler, vor allem von Suchmaschinen eingesetzt.

Cross- und Up-Selling-Empfehlungen Produkt- oder Dienstleistungsempfehlungen; oft in Newslettern oder im Laufe des Such- und Kaufprozesses. Dabei werden entweder zum Kunden/Einkauf passende (Cross-S.) oder höherwertigere (Up-S.) Produkte zum Kauf vorgeschlagen.

Data Recovery Datenwiederherstellung im Falle des Datenverlustes; wird von professionellen Dienstleistern angeboten, es gibt auch spezielle Programme. *Siehe auch: → Backup, → Cloud*

Einbetten Bereitstellen von fremden Inhalten auf der eigenen Website; so können bspw. YouTube-Videos mittels eingebettetem Player auf der eigenen Seite abgespielt werden.

Follower Ursprüngl. ein Twitter-Begriff; dort kann man Personen „folgen“ (ihre Beiträge/→*Tweets* sehen und teilen/retweeten) und ist somit ihr Follower; andersherum folgen einem selbst ebenfalls Personen, somit sind dies die eigenen Follower.

Fulfillment-Service Service von Logistikdienstleistern, der alle Aktivitäten umfasst, die nach dem Kauf der Belieferung des Kunden und der Erfüllung der sonstigen Vertragspflichten (z. B. Bestellannahme, Lagerhaltung, Versand, Rechnungs- und Mahnwesen) dienen.

„Gefällt-mir"-Button Ursprüngl. ein Facebook-Begriff (*englisch:* Like); einen Beitrag/ein Unternehmen/einen Film etc. positiv bewerten; früher nur auf Facebook möglich, mittlerweile kann der Button auf jeder Website integriert und mit dem Facebook-Account vernetzt werden. Der Begriff Like wird mittlerweile synonym gebraucht, wenn man im Internet mit einem Klick etwas positiv bewerten kann.

Hashtag Ursprüngl. eine Twitter-Funktion; ein Wort oder eine Zeichenkette wird mit vorangestelltem Raute-Symbol (#) versehen, welches dann als eine Art Suchwort fungiert; die Suche nach so verschlagworteten Begriffen wird erleichtert.

Hosting/Hoster Internet-Dienstleistung; sog. Provider oder Webhoster bieten bspw. Webspeicher, Datenbanken, Shopsysteme und E-Mail-Adressen an; *hier:* Dienstleister, die gegen Gebühr die durch den Kunden hochgeladene Website ablegen und zur Verfügung stellen.

Instant Search Die automatische Vervollständigung von Suchwörtern (keine reine Wortvervollständigung, sondern Suchvorschläge) bei Suchmaschinen; wichtig für die Auswahl der eigenen → *Keywords.*

Keyword Begriff *(deutsch:* Schlüsselwort), der entweder im Text selbst vorkommt (Stichwort) oder mit dem ein Text verschlagwortet werden kann.

Konversionsrate *Auch:* Conversion-Rate; Konversion bezeichnet die „Umwandlung" bspw. eines Interessenten zum Kunden. Die K.-Rate bezeichnet, wie oft das geschehen ist, um die Wirksamkeit von Werbemaßnahmen zu messen; *siehe auch:* → *Affiliate Marketing,* → *Call-Tracking.*

Landingpage Spezielle Webseite *(deutsch:* Landeseite), die bspw. nach einem Klick auf ein Werbemittel erscheint und bei welcher ein bestimmtes Angebot im Mittelpunkt steht; in der Regel mit Onlineshop, Anfrageformular oder → *Call-Back-Button.*

Like *Siehe:* → *„Gefällt-mir"-Button*

Live-Support-System Kundenservice in Echtzeit; oftmals mittels einer Chatfunktion zu realisieren, um Kunden bspw. schnelle Auskunft zu Produkten oder zur Lieferzeit zu geben oder an anderen kritischen Stellen zu unterstützen (z. B. Bezahlvorgang).

Open Source Software (*deutsch:* offene Quelle), deren → *Quellcode* offenliegt und die somit verändert werden kann, weitestgehend lizenzfrei und kostenlos.

Opt-in/-out Marketingmaßnahme, für welche der potenzielle Kunde der Kontaktaufnahme vorher zugestimmt hat (Opt-in) bzw. seine Einwilligung nicht gegeben hat (Opt-out; z. B. die automatische Aufnahme in einen Newsletter-Verteiler; in Deutschland unzulässig).

Pagerank Verfahren, um bspw. Websites anhand ihrer Struktur zu bewerten und zu gewichten; je mehr Links auf eine Seite verweisen, als umso wichtiger wird sie eingestuft und umso besser wird sie von Suchmaschinen gefunden.

Posting *Auch:* Post; meist schriftlicher Beitrag in Onlineforen, Blogs, Newsgroups oder sozialen Netzwerken. Eine Folge von Diskussionsbeiträgen wird als Thread bezeichnet.

Quellcode *Auch:* Quelltext; in einer Programmiersprache verfasster Text (Abfolge von Befehlen) eines Computerprogramms oder einer Website.

Response-Element Werbemittel, die den Kunden zum direkten Kontakt auffordern, z. B. → *Call-Back-Buttons*, Kontaktformulare, Antwortkarten, auch Gutscheine/Coupons, Wettbewerbe etc.

Responsive Webdesign Spezielle Art der Gestaltung von Websites; durch das responsive (*deutsch:* reagierende) Design wird das Layout von Websites an das jeweils ausgebende Medium (PC, Tablet, Smartphone etc.) flexibel angepasst.

Spam *Auch:* Junk (*deutsch:* Abfall); unerwünschte E-Mail-Werbung.

Tag Beim Tagging (*deutsch:* mit einem Etikett auszeichnen) werden Datenbestände mit zusätzlichen Informationen versehen, *hier:* mit Schlagworten oder Kategorien.

Tracking-ID	Von Logistikunternehmen zur Verfügung gestellte Sendungsnummer, anhand derer die Sendung verfolgt werden kann.
Trackingtools	Programme, die das Nutzerverhalten (z. B. Reaktion auf Onlinewerbung, Kaufverhalten in Onlineshops) analysieren.
Trust	*Hier:* Das Vertrauen, das Internetnutzer in einen Shop haben; stabiles, positives Gesamtbild.
Tweet	Beitrag/→*Posting* auf dem Kurznachrichtendienst Twitter. *Siehe auch:* → *Follower.*
URL	Abkürzung für „Uniform Resource Locator"; im allgemeinen Sprachgebrauch werden damit Internetadressen bezeichnet.
Verlinken	Texte oder Websites miteinander verbinden mittels sog. Hyperlinks; durch einen Klick auf die meist blau markierten Wörter gelangt man zu einer dort hinterlegten Website oder Textstelle oder zu einem Foto, Video oder Dokument.
Virtuell dedizierter Server	*Hier:* Von einem → *Hoster* zur Verfügung gestellter, virtuell vorhandener Server (Zentralcomputer in einem Netzwerk, der Daten, Speicher und Ressourcen zur Verfügung stellt) in einem Rechenzentrum; auf einem physikalisch vorhandenen Rechner können mehrere virtuelle Server installiert werden.
Wallet-Lösung	Digitale Geldbörse (*engl.:* wallet), mit der online bezahlt werden kann. Der Kunde muss lediglich beim Wallet-Anbieter ein Konto eröffnen (z. B. PayPal), um in verschiedenen Shops einzukaufen, ohne sich dort ebenfalls anmelden zu müssen.

- Fachspezifische Fragen beantwortet der HDE über die Fachverbände. Verzeichnis unter „Der Verband“: www.einzelhandel.de
- Regionale Fragen beantworten die Landesverbände. Verzeichnis unter „Der Verband“: www.einzelhandel.de
- Weitere Informationen unter: www.hde-commerce.de

Weiterführende Literatur

Bachmann, Ronald/Kemper, Guido/Gerzer, Thomas: Big Data – Fluch oder Segen? mitp, Heidelberg 2014.

Bundesverband E-Commerce und Versandhandel (Hg.): Kompendium des Interaktiven Handels 2013/2014. Berlin 2014.

eco – Verband der Deutschen Internetwirtschaft e. V.: eco Suchmaschinen- und SEO-Trends 2013/14. Eine Umfrage der eco-Kompetenzgruppe Online Marketing, Köln 2014.

Fischler, Johann: Erfolgsrezept Internet. Einfach zu mehr Umsatz, Zeit und Freiheit. bhv, Heidelberg 2014.

Gookin, Dan/Hardin Gookin, Sandra: Computerlexikon für Dummies. Wiley-VCH, Weinheim 2014.

Graf, Alexander/Schneider, Holger: Das E-Commerce Buch. Marktanalysen – Geschäftsmodelle – Strategien. Deutscher Fachverlag, Frankfurt 2015.

Handelsverband Deutschland e. V.: Digitale Agenda des HDE. Berlin 2015. Kostenlos unter www.einzelhandel.de

Heinemann, Gerrit: Der neue Online-Handel: Geschäftsmodell und Kanalexzellenz im Digital Commerce. Springer Gabler, Wiesbaden 2014.

Heinemann, Gerrit: SoLoMo – Always-on im Handel. Die soziale, lokale und mobile Zukunft des Shopping. Springer Gabler, Wiesbaden 2014.

Holzapfel, Felix/Holzapfel, Klaus/Petifourt, Sarah/Dörfler, Patrick: Digitale Marketing Evolution: Wer klassisch wirbt, stirbt. BusinessVillage, Göttingen 2015.

Höschl, Peter/shopanbieter.de: Der einfache Einstieg den E-Commerce. Fakten und Tipps zum Verkaufen auf Online-Marktplätzen. Erschienen in Zusammenarbeit mit HDE, eBay und PayPal 2015. Kostenlos unter www.shopanbieter.de

Kiesewetter, Tim: Studie: Shopsysteme in Deutschland 2015. EHI Retail Institute, Köln 2015.

Klees, Maria/Krüger, Malte/Eckstein, Aline: Payment im E-Commerce – Der Internet-Zahlungsverkehr aus Sicht der Händler und der Verbraucher. E-Commerce-Center (ECC) Köln und Hochschule Aschaffenburg 2014.

Klein, Andreas (Hg.): Marketing- und Vertriebscontrolling. Haufe, Freiburg 2014.

Kolbrück, Olaf: Erfolgsfaktor Online-Marketing. So werben Sie erfolgreich im Netz. E-Mail, Social Media, Mobile & Co. richtig nutzen. Deutscher Fachverlag, Frankfurt 2013.

Kollewe, Tobias/Keukert, Michael: Praxiswissen E-Commerce. O'Reilly, Köln 2014.

Lanier, Jaron: Wem gehört die Zukunft? Hoffmann und Campe, Hamburg 2014.

Linnhof-Popien, Claudia/Zaddach, Michael/Grahl, Andreas (Hg): Marktplätze im Umbruch: Digitale Strategien für Services im Mobilen Internet. Springer Vieweg, Wiesbaden 2015.

Meerman Scott, David: Die neuen Marketing und PR-Regeln im Social Web. mitp, Heidelberg 2014.

Reimar, Ingemar: Das Buch zu Google AdWords. O'Reilly, Köln 2014.

Schirmbacher, Martin: Online-Marketing und Recht. mitp, Heidelberg 2015.

Schramm-Klein, Hanna/Wagner, Gerhard/Neus, Florian/Swoboda, Bernhard/Foscht, Thomas: HandelsMonitor: (R)Evolution des Mehrkanalhandels. Von Multi-Channel- über Cross-Channel- zu Omni-Channel-Retailing. Deutscher Fachverlag, Frankfurt 2014.

Seevogel, Jan Christian: Facebook und Recht. O'Reilly, Köln 2014.

Seidenschwarz, Holger/Stahl, Ernst/Weinfurtner, Stefan/Wittmann, Georg: Gesamtkosten von Zahlungsverfahren – Was kostet das Bezahlen im Internet wirklich? Eine empirische Erhebung im deutschen Online-Handel. ibi Research an der Universität Regensburg GmbH, Regensburg 2014. Kostenlos unter www.ibi.de

Stahl, Ernst/Breitschaft, Markus/ Krabichler, Thomas/Wittmann, Georg: E-Commerce-Leitfaden. Noch erfolgreicher im elektronischen Handel. ibi research an der Universität Regensburg GmbH, Regensburg 2015. Kostenlos unter www.ecommerce-leitfaden.de

Weber, Mathias (Hg.): Das Web-Adressbuch für Deutschland 2015. m. w., Frankfurt 2014.